BAŞARI İÇİN STRATEJİLER

John C. MAXWELL

Jim DORNAN

Çeviren: İdil GÜPGÜPOĞLU

Dizi Editörü: Doğan CÜCELOĞLU

SİSTEM YAYINCILIK

Yayın No : 047
ISBN : 975 - 7397 - 49 - 0
Geliştiren Kitaplar Dizisi -Yayın No: 06

Başarı İçin Stratejiler
John Maxwell

Özgün Adı: STRATEGIES FOR SUCCESS
Çeviren: İdil GÜPGÜPOĞLU
Dizi Editörü: Doğan CÜCELOĞLU

Birinci Basım : Eylül 1995
Kapak : Graffiti
Baskı : Kurtiş Matbaacılık
Cilt : Güven Mücellit

Yayın ve Dağıtım
SİSTEM YAYINCILIK VE MAT.SAN.TİC.A.Ş.
Barbaros Bulvarı Akbal Apt.No:21/4 Kat.1 D.1
80690 Beşiktaş/İSTANBUL
Tel : (212) 227 74 57 - Pbx
Fax: (212) 227 33 45

INTRODUCTION

When Jim and John first met just a few years ago, there was instant rapport. They were amazed at how two people (four actually, since their spouses are equally close friends) could have so much in common while having separate paths in life up to that point. John in the religious world teaching pastors, and church leaders how to more effectively deal with life's challenges in dealing with people and ralsing up leaders, and Jim from the business world teaching others how to achicve success in their business lives. A close friendship quickly developed as they discovered how much alike they thought. Their experience lead them to the same conclusion on how rewarding and stimulating it was to have discovered, in each of their cases, one more person who really understood what changes had to take place in a person to really achieve success in their business or personal lives.

They have each invested more than twenty years observing successful people, struggling with doubts and the loneliness of leadership and reaching the same conclusions about life and the strategies for making it successful.

Their goul is to share their observatlons and experiences with their readers so that you might gain some confidence. Either because you are reading something that confirms your own life experiences, or helps you to better understand the challenges of pursuing a successful and significant life.

Nothing in life is more satisfying than to discover one other person who has realized the same truths as you, and has the same passion to share these truths with others.

John Maxwell and Jim Dornan are "brothers" and friends in life, and they hope that this book will help you in your search for significance and success.

Ultimately, this book is a simple collection of observations of proven strategies necessary for success in any endeavor. The ultimate difference is in the response and attitudes and actions of the individual reader. We believe you are the right person reading the right book at the right time in your life. We hope that your life and the life of others you touch are improved by these observations and thoughts.

ABOUT THE AUTHORS

Dr. John Maxwell is known around the world for his outstanding achievement in motivating and equipping leaders. He has authored six books, and regularly conducts leadership training seminars internationally. He is the founder of Injoy Leadership Development Institute and he is considered one of the greatest authorities on the subject of leadership and personal growth.

Jim Dornan is the Founder and President of Network TwentyOne International, a global business-training and personal development company. He speaks live to more than 100,000 people each year on the subjects of professional success and personal achievement. His audio cassettes are regularly listened to by over 1 million people world wide.

EDİTÖRÜN ÖNSÖZÜ

Küçük balıkları onları yiyen bir büyük balıkla akvaryuma birlikte koyarsanız ne olur? Büyük balık küçükleri yer.

Şimdi akvaryumu bir cam bölmeyle ikiye ayırın. Bölmelerden birine küçük balıkları, diğerine büyük balığı koyun. Büyük balık küçükleri yemek için öbür tarafa geçmeye çalışır, ne var ki aradaki cam bölme buna engel olur.

Yukarıda anlattığım aslında bir psikoloji laboratuvarında yer alan bir deneyin tasviriydi. Bu deneyde büyük balık camın öbür tarafına bir günü aşkın bir süre (28 saat civarında) geçmeye çabalamış, sonra vazgeçerek sanki "kaderine boyun eğmiştir." Artık bir daha öbür tarafa geçmeye girişmemiştir.

İşin ilginç yanı, daha sonra cam bölme kaldırılıp küçük balıklar ağzının dibine kadar geldiği halde büyük balık onları yemeye teşebbüs etmemiş ve bir süre sonra açlıktan ölmüştür.

Bu ve bunun gibi başka denemeler "öğrenilmiş acizlik" (learned helplesness) kavramını psikoloji bilimine kazandırmıştır. Tahmin edebileceğiniz gibi öğrenilmiş acizlik sadece hayvanların davranışlarını açıklamada kullanılan bir kavram değildir. "Ben yapamam," "Ben başaramam" diyen bireylerin yetişme ortamlarına da ışık tutmaktadır.

"Sen yaparsın, uğraş, gayret et, eninde sonunda başaracağından eminim çocuğum!" diyen türden yüreklendirici aile ortamlarında yetişmiş kaç kişi var aramızda?

Çoğumuz, "Sen yapamazsın, bırak uğraşma," "Beceriksiz senin elinden iş gelmez, herşeyi berbat ettin," "Bana sormadan birşeye dokunma!" diyen ortamlarda yetiştik.

Sonuç olarak, "Ben beceriksizim, elimden iş gelmez," "Başkaları benden daha akıllı, daha becerikli" diyen ve kendi yaşamının sorumluluğunu "büyüklere," "hükümete," "devlete" devretmiş, emanet etmiş, kendi gücünden kuşkulu, çekingen, ürkek bireylerin çoğunlukta olduğu ve onlarla alay edercesine onları kullanan arsız ve yüzsüz insanlardan meydana gelen bir toplum oluşturduk.

İnsanların, "Sen yapabilirsin!" "Kendi hayallerini ve amaçlarını gerçekleştirebilecek güç sende var!" mesajını duymaya okumaya gereksinimleri var. Sistem Yayıncılık bir çeviri dizisi ile bu mesajı okuyucularına ulaştırmaya karar vererek benden editörlük yapmamı istediler. İsteklerini memnuniyetle kabul ettim.

"Geliştiren Kitaplar Dizisi" çıkacak bu kitaplar kişinin anlamlı, dengeli ve doyumlu bir yaşamı gerçekleştirmek için gerekli kafa, kalp ve beden gücünün kendinde bulunduğu gerçeğini ortaya koyacaktır.

Hayallerini kendi gücüyle gerçekleştirebileceğine inanan insan şevklidir; inançlıdır ve yaşama sevinci vardır. Liderlik konusundaki seminerleri ve kitaplarıyla ün yapmış Amerikalı yazar John Maxwell "Kişinin gelecekteki umudu, onun şimdiki gücünün kaynağıdır," der.

"Geliştiren Kitaplar Dizisi" okuyucuya, doğuştan hakkı olan umudunu, şevkini, yaşama sevincini ve bunları elde edebilecek gücünü hatırlatmayı amaçlamaktadır.

Hayallerinden kendini ayıran cam bölmeyi kaldıracak güç her insanda vardır. Yeterki kendi iç dünyasının muhteşemliği ve onun sınırsız gücü ile insan tanışsın, "merhabalaşsın"

Editörlüğünü üstlendiğim kitap dizisi bu"merhabalaşma" olanağını size vermeyi amaçlamaktadır.

Doğan Cüceloğlu

Dizi Editörü

İÇİNDEKİLER

BİRİNCİ KISIM

BAŞARI SİZİNLE BAŞLAR

Birinci Bölüm

Başarılı insan,

OLUMLU DÜŞÜNME

'yi uygular

Başarılı insanı belirleyen ilk özellik, tutumudur. Kişi olumlu tutum ve düşüncelere sahipse, zorluklarla uğraşmayı seviyor ve onların üstesinden gelmekten haz duyuyorsa, başarılarının yarısını gerçekleştirmiş sayılır.

- Lowell Peacock

İnsanlar arasındaki fark,ufaktır.Ancak bu ufak fark, büyük farklılığa neden olur. Ufak fark, tutumlardadır. Büyük farklılıksa, bu tutumun olumlu veya olumsuz olduğudur.

- Clement Stone

TUTUMUNUZ, KONUMUNUZU BELİRLER

Başarıyla aranızda, tutumumunuz yer alır. Hayatta başarılı olanlar ve olamayanlar arasındaki fark şudur: Başarılı olanların yaşamlarını en iyi şekilde geçirilmiş saatlerinin, en büyük iyimserliklerinin ve zaferle en dolu olan deneyimlerinin düşünceleri yönetir ve yönlendirir. Diğer yandan başarısız insanlar, geçmişteki yenilgileri ve şüpheleri ile yönlendirilir ve kontrol edilirler.

İnsanlar genellikle başkalarının yardımları sayesinde bir şey olduklarını düşünürler. Hayattaki konumlarını, koşulların belirlediğini ifade ederler. Hislerine engel olamadıklarını düşünürler. Ne var ki; bizi biz yapan, etrafımızda bulunanlar değildir. Sonuçta, hayata bakış açımızdan kendimiz sorumluyuz. Nazi Almanyasında bir esir kampından sağ çıkmayı başaran Victor Frankl şöyle diyor: "Kişinin her türlü koşul altında kendi tutumunu belirleyebilmesi, onun elinden hiçbir zaman alınamayacak olan en son insan özgürlüğüdür".

Başarıya uzaklığınız, bir tutum kadardır!

Maltbie D.Babcock ise şöyle söylüyor:"Yapılan en büyük ve bedeli en ağır yanlışlardan biri, başarının bir peri, bir tılsım veya bizim sahibi olmadığımız birşeyler sayesinde elde edildiğini düşünmektir". Gerçekte başarı, denetimimiz altında olan bir şey tarafından belirlenir. Tutumunuzun sonucu olarak ortaya çıkar. Ne kadar yüksekten uçacağınız, yaşamınızdaki tüm diğer etkenlerden daha çok, nasıl düşündüğünüze bağlıdır. Tutumlarımız, hayatta başımıza gelenlerin büyük bölümünü belirler:

1. Hayata karşı tutumumuz, hayatın bize karşı tutumunu belirler.
2. Diğerlerine karşı tutumumuz, onların bize karşı tutumunu belirler.
3. Bir işe başlarkenki tutumumuz, o işin sonucunu herşeyden daha çok etkiler.
4. Değeri olan herhangi bir organizasyonda, yukarılara çıktıkça daha iyi tutumlarla karşılaşırsınız.

Tevekkeli değil, -zihinsel, duygusal, fiziksel ve ruhsal olarak- kendi çevremizi yaratırken geliştirdiğimiz tutumların büyük etkisi olduğu söylenmiş...

Olumlu tutum, mutlaka başarıya götürmez. Günlük yaşamınızda iyileşme göreceğiniz kesindir, ancak olumlu tutum, istediğiniz herşeyi elde edeceğinizin garantisi olamaz. Ancak bunun tersi doğrudur. Eğer olumsuz tutumlara sahipseniz, başarısız olmanız kaçınılmazdır. Ben şimdiye kadar kötü tutumlu, ancak başarısı sürekli bir insan hiç görmedim.

OLUMSUZ TUTUMUN OLUMSUZ ETKİLERİ

Ne konumda olduğunuzu ve ne olduğunuzu, zihninizi işgal eden temel düşünceler belirler.Olumsuz düşünceler, kendi olumsuz koşullarıyla çevrili olumsuz bir kişiliğe yol açar. Olumsuz düşünen adam, bütün bir çiğ yumurtayı kabuğuyla birlikte yutmuş bir adama benzer. Yumurtanın kırılacağı korkusuyla hareket edemez, içinden civciv çıkacağı korkusuyla da hareketsiz duramaz. İşte size, sürekli olumsuz düşünmenin yol açabileceği altı durum:

> Ben şimdiye kadar kötü tutumlu, ancak başarısı sürekli bir insan hiç görmedim.

OLUMSUZ DÜŞÜNME, KRİTİK KARAR ANLARINDA BULUTLARIN OLUŞMASINA NEDEN OLUR

Bir insan hayatta daima olumsuz yönler arar ve bulursa, önüne geçilmesi zor bir alışkanlık oluşur. Olumlu bir fırsat belirdiğinde olumsuz insan bunu göremez ve yakalayamaz. Her koşulu, bir engeller silsilesi olarak algılar.

Bir engelle bir fırsat arasında ne fark vardır? Temel fark, kişinin ona karşı olan tutumudur. Pek çok kişi tarafından Amerikan tarihinin gelmiş geçmiş en büyük başkanı olduğu düşünülen Abraham Lincoln, şöyle demişti: "Başarı, şevkinizi kaybetmeden bir başarısızlıktan diğerine gitmektir."

Olumlu olanı iyice incelemeden olumsuzu kabullenmeyi reddetmek, iyi bir politikadır. Olumlu düşünmeyi tutum olarak benimsediğinizde,kritik karar anlarında duru kararlar alabilmeniz kolaylaşır.

OLUMSUZ DÜŞÜNMEK BULAŞICIDIR

"Üzüm üzüme baka baka kararır" özdeyişi, gerçekten doğrudur. Bunun insanlarda, üzümlerde olduğundan daha güçlü olduğunu görebilirsiniz. Zamanı gelen üzüm zaten kararır, ancak insanlar birlikte zaman geçirdikçe birbirlerine benzemeye başlarlar.

Belki farketmişinizdir, uzun yıllar evli kalan eşlerin davranışları, hatta bazılarının görünüşleri bile birbirine benzer. Bu, tutumlar konusunda da en az o kadar geçerlidir. Olumsuz düşünen insanlarla birlikte yeteri kadar zaman geçirirseniz, bu sizi de etkileyecektir. Negatif insanlara maruz kalmak, radyasyona maruz kalmak gibidir. Kısa süreli düşük dozlara dayanabilirsiniz, ancak sürekli maruz kalmak sizi öldürür.

> Olumsuz düşünen insanlarla birlikte yeteri kadar zaman geçirirseniz, bu sizi de etkileyecektir.

OLUMSUZ DÜŞÜNME, HER ŞEYİ BAKIŞ AÇISININ DIŞINA ATAR

Her şeyi ölçülerin dışına taşıran insanlarla herhalde birlikte olmuşsunuzdur. Dam aktığında, kasırga geçirmiş gibi davranırlar. Hayatta görebildikleri sadece kara baht ve kör talihdir. Bu insanların hayat felsefesi, Murpy Kuralı'yla aynıdır.Belki duymuşsunuzdur."Hiçbir şeygöründüğü kadar *kolay* değildir;her şey tahmininizden dahauzun *sürer;ters gidebilecek* bir şey varsa, mutlaka *en uygunsuz* zamanda ters gider".

Bunun yerine ben hayata,Maxwell Kuralı'yla bakayım: "Hiçbir şey göründüğü kadar *zor* değildir; her şey beklediğimizden daha *ödüllendiricidir; yolunda gidebilecek* bir şey varsa, mutlaka *en uygun zamanda* yolunda gider". Murphy Kuralı'nı benimseyen insanların sahip olduğu olumsuzdüşüncelerin en kötü tarafı, onların hiçbir şeyi doğru bakış açısı ile görememelerine yol açmasıdır. Başarılı insanlar daima iyi bir görüş açısıyla bakar, fırsatları görür ve karar verirler (bu konuya ilerki bölümlerde daha geniş yer verilecektir).

> Hiçbir şey göründüğü kadar zor değildir; her şey beklediğimizden daha ödüllendiricidir; yolunda gidebilecek bir şey varsa, mutlaka en uygun zamanda yolunda gider.

OLUMSUZ DÜŞÜNME, UMUDU SÖNDÜRÜR

Gelecekten umut olmayan yerde, şimdiki zamanın gücünden bahsedilemez. Olumsuz düşünme, inancı yokeder ve umudu sabote eder. Olumsuz düşüneni yavaş, ancak sürekli biçimde demoralize ederek hareket gücünü yokeder.

> Gelecekte umut olmayan yerde, şimdiki zamanın gücünden bahsedilemez.

OLUMSUZ DÜŞÜNME, POTANSİYELİMİZİ SINIRLAR

İnsanın davranışı, onun kendisini nasıl gördüğüne bağlıdır; insanlar, kendilerini gördükleri biçime uymayan bir şekilde sürekli davranamazlar. Olumsuz kişilikler, hem içinde yaşadıkları dünya ve hem de kendileri hakkında, en kötü biçimde düşünürler. Beklentileri gibi, elde ettikleri de pek azdır. Yeni bir fikirle karşılaştıklarında, tepkileri şöyle olabilir:

"Bu, asla sonuç vermez;
"Bunu daha önce hiç böyle yapmamıştık;
"Bu olmadan da pekâla işimizi yürütüyoruz;
"Buna paramız yetmez;
"Buna hazır değiliz;
"Bu bizim sorumluluğumuz değil."

Dünyanın en bilge krallarından olduğu söylenen Kral Solomon, İncil'in 23:7 bölümünde diyor ki: "Bir insan kalben kendini nasıl biliyorsa, o öyledir". Diğer bir deyişle, insanlar neye inanırlarsa, ona dönüşürler. İnsanlar, hedeflemediklerine ulaşamazlar. Hiçbir zaman ulaşamayacaklarına kendilerini inandırdıkları şeyleri hedef olarak görmezler. Olumsuz düşünen kişi, kendinden az şey beklediğinden, başarma yeteneğinin üstüne bir kapak kapatmıştır. Kendi potansiyelinin en büyük düşmanı, yine kendisi olur.

OLUMSUZ DÜŞÜNME, YAŞAMDAN ZEVK ALMAMIZI ENGELLER

Olumsuz kişiler için bardağın yarısı hiçbir zaman dolu değildir; yarısı hep boştur. Hayattan hep en kötüyü beklerler, hep de en kötüsü onları bulur. Bu bana deneyimli bir rehberle birlikte, karla kaplı dağ tepelerinde dolaşmakta olan genç bir dağcıyı anımsatıyor. Sabahın erken saatlerinde genç dağcı, muazzam bir çatırtıyla uykusundan fırlıyor. Dünyanın sonunun geldiğini zannediyor. Deneyimli rehberse, "Duyduğun ses, güneşin vurduğu buzların çatırdamasıdır. Dünyanın sonu değil, sadece yeni bir gün başlıyor" diyor. Hayatı dolu dolu yaşayacak, potansiyelimizi yakalayacak ve yolculuktan zevk alacaksak, olumlu olmamız şarttır - yaşamın bize sunduğu koşullara rağmen.

OLUMLU DÜŞÜNMENİN GÜCÜ

Alfred A.Montapert diyor ki, "Düşüncelerinizle... inançlarınızla... ideallerinizle...felsefenizle... oluşturduğunuz çevre, sizin içinde yaşayacağınız yegâne ortamı oluşturur". Eğer düşünceleriniz olumluysa, çevreniz de öyle olacaktır. Ne müthiş bir fikir. Ya da Robert J.Hastings'in dediği gibi, "Konum ve ortam hiçbir zaman mutluluğun güvencesi olamaz. Mutlu olmak isteyip istemediğinize kendi içinizde karar vermelisiniz. Bir kez kararınızı verdiğinizde de mutluluğun gelişi çok kolaylaşır".

Pekçok kişi, bazılarının olumlu ve bazılarının da olumsuz düşüncelere sahip olarak doğduğunu, ve bu düzeni değiştirmenin olanaksız olduğunu sanır. İnsanların belirli *eğilimlerle* doğdukları gerçek olmakla birlikte, bu eğilimleri yenmek mümkündür. Sonuç olarak olumlu düşünme koşullara, mizaca veya zekâya bağlı olmaksızın herkes tarafından öğrenilebilir.

Sonuç olarak olumlu düşünme koşullara, mizaca veya zekâya bağlı olmaksızın herkes tarafından öğrenilebilir.

Size, olumlu düşünebilmeyi başlatabilmemiz veya geliştirebilmenizde yardımcı olacak on kural vermek isterim:

OLMAK İSTEDİĞİNİZ KİŞİYE YARAŞIR ŞEKİLDE YÜRÜYÜN, KONUŞUN, DAVRANIN VE DÜŞÜNÜN

Çoğu insan olumlu davranabilmek için olumlu hisler duymayı bekler. Bu yanlıştır. Tutumdan önce davranış gelir. Olumlu davranış, olumlu düşünmeye yol açar. Zihnen olumsuz programlanan kişiler, harekete geçmek için duygularını beklerlerse istedikleri olumlu kişiliğe asla sahip olamazlar.

Tutumdan önce davranış gelir.

BAŞARILI, OLUMLU DÜŞÜNCELERİ AKLINIZDAN ÇIKARMAYIN

Dolar multi-milyoneri, Amerikalı sanayici Andrew Carnegie diyor ki, "Kendi aklının tümüne hükmetme başarısını gösteren bir insan, haklı olarak her şeye sahip olabilir". Olumlu yönde *düşünmeye* başladığımızda, kendimizi başarılı *görür* ve başarılı *olmaya* başlarız.

Başarılı bir hayatın meyvalarını toplamak istiyorsak, bir çiftçi gibi çalışmalıyız. Sadece birkaç olumlu tohum dikerek, kalan işlerin kendi kendine hallolmasını bekleyemeyiz. Bu tohumları muntazaman sulamalı, bitkiler büyüdükçe onlara gerekli besini ve gübreyi vermeliyiz. Eğer dikkat etmezsek, olumsuz düşünce otları da mutlaka boy gösterir, topraktaki besini çalar ve olumlu bitkileri boğarak öldürür.

> Zihninizde, olumlu ve başarılı olana yer verin. Ayrık otlarını beslemeyin.

Zihninizde, olumlu ve başarılı olana yer verin. Ayrık otlarını beslemeyin. İncil'in 4:8bölümünde dendiği gibi, "Gerçek olan her ne ise, dürüst olan her ne ise, adil olan her ne ise, arı olan her ne ise, güzel olan her ne ise, beğenilen her ne ise ... bunlar üzerinde düşün".

ETRAFA MUTLULUK, GÜVEN VE AMAÇ SAÇIN

Hareketleriniz ve düşünceleriniz daha olumlu olmaya başladıkça, bir mutluluk hissi duyarsınız. Kendinize güveniniz artar ve hayatınızın daha güçlü bir amacı olmaya başladığını daha kuvvetle hissedersiniz. Tüm bunlar olurken, diğerlerini kendinize doğru çekmeye başlayacaksınız; insanlar olumlu kişilerle bir arada olmaktan zevk duyarlar. Diğerlerinin olumlu tepkilerini kullanarak olumlu ilişkiler kurunuz ve diğerlerine de daha olumlu kişilikler haline gelmelerinde yardımcı olunuz.

KARŞILAŞTIĞINIZ HER İNSANA, DÜNYADA EN ÖNEMLİ İNSAN OYMUŞ GİBİ DAVRANIN

Hızlı bir dünyada yaşıyoruz.Çoğu insan, yapmak istedikleri işleri gerçekleştirebilmek için hızla yer değiştiriyor. Genellikle de temasta bulundukları kişilere zaman ayırmayı ihmal ediyorlar.

Karşılaştığınız insanlara zaman ayırır ve onlara olumlu yönde tüm dikkatinizi verirseniz, mutlu olacaklardır. Onlara değer katmış olacaksınız. Karşılığında onlar da size değer katacaklardır.

KARŞILAŞTIĞINIZ HER İNSANIN, KENDİSİNİN ARANAN, ÖNEMLİ VE TAKDİR EDİLEN BİR KİŞİ OLDUĞUNU HİSSETMESİNİ SAĞLAYIN

Her insan ihtiyaç duyulmayı, önemsenmeyi ve takdir edilmeyi şiddetle ister. Bu istek, insan olarak kim olduğumuzu belirleyen özde yatar. İnsanların bu gereksinimini karşıladığınızda, hem kendileri hem de sizin için olumlu düşünmelerini sağlamış olursunuz. İki taraf da kazanır.

19. yüzyıl Amerikan filozof ve şairi Ralph Waldo Emerson'un dediği gibi, "Bu hayatta alınan en güzel karşılıklardan biri şudur: bir kimse başkasına içten gelen bir yardımda bulunduğunda, mutlaka kendisine de yardım etmiş olur".

Diğerlerinin kendilerini önemli hissetmelerini sağlamanın bir başka getirisi de, karşılığında onların da sizin kendinizi önemli hissetmenizi sağlamalarıdır. Çoğu insanın karşılaştığı davranışlar, onların diğerlerine nasıl davrandıklarının yansımalarıdır.Bu, yeni bir şehre taşınmakta olan iki değişik insanın hikâyesine benzer.

> Beraberinizde getirdiğiniz tutum, diğerlerinin size gösterdiği tutum olur.

Birinci adam, şehrin girişindeki bir benzin istasyonunda durup, benzinciye: "Bu şehrin insanları nasıldır?" diye sormuş.

Benzinci de, "Sizin geldiğiniz şehirdeki insanlar nasıldı?" diye sormuş. Birinci adam, "Çok berbattılar, hiç de dostça davranmıyorlardı" demiş.

Benzinci yanıtlamış: "Bu şehirdekiler de aynı".

Aynı gün ikinci adam aynı benzincide durduğunda, benzinciye aynı soruyu yöneltmiş: "Bu şehrin insanları nasıldır?"

Görevli yine, "Sizin geldiğiniz şehirdeki insanlar nasıldı?" diye sormuş.

İkinci adam, "Vallahi harikaydılar.Gerçekten dost canlısı idiler" diye cevap vermiş.

Benzinci yanıt olarak, "Bu şehirdeki insanların da tıpkı öyle olduğunu göreceksiniz" demiş.

Görevli şunun farkındaymış: beraberinizde getirdiğiniz tutum, diğerlerinin size gösterdiği tutum olur.

HERKESİN EN İYİ YÖNÜNÜ ARAYIN

Diğer insanların takdir edildiklerini hissetmelerini sağlama düşüncesi ile, herkesin en iyi yönlerini arama, benzer düşüncelerdir. En kötümüzde dahi iyi yönler, en iyimizde dahi kötülükler bulmak mümkündür. Aradığınız her ne ise, onu görürsünüz.

Bana göre eşsiz bir ailem,arkadaşlarım vemeslektaşlarım var. Bu, kısmen Allah'ın bana bir lûtfudur. Ancak kısmen de, etrafımdakilerden olumlu beklentiler içinde olduğumdandır. Birlikte çalıştığım insanlara sık sık, karşılaştıkları her insanın başının üstüne hayalî bir'10' kondurmalarını söylerim.

Diğer bir deyişle, insanlara 1 den 10 a kadar, (10 en iyi), bir not verecek olsanız ve hepsinin '10 puan'lık hal ve davranışlarda bulunmasını bekleseniz, bunun gerçek olduğuna da inanırsınız. İnsanlar, genelde olumlu beklentilere yanıt verirler. Diğerlerinde iyi yönler aramak, onların kendileri hakkında iyi duygular beslemelerine yol açar. Bu onları geliştirir ve olabileceklerinin en iyisi olmaya teşvik eder. Ve olumlu, verimli bir çevre yaratır.

İYİ DEĞİLSE, SAĞLIĞINIZDAN BAHSETMEYİN

Daima sağlığının kötülüğünden bahseden bir insan kadar diğerlerine olumsuz duygular veren pek az şey vardır hayatta. İlk bir-iki keresinde insanlar size acırlar. Daha sonra rahatsız olur, hoşlanmazlar. Sonuçta bu kişiden uzak dururlar. Sağlığınız bozuksa, bunu sadece en yakın arkadaşlarınızla ve ailenizle paylaşın.

YENİ FİKİRLERİN EN İYİLERİNİ BULABİLMEK İÇİN HER YÖNE BAKIN

Olumlu düşünenler, sürekli yeni ve muhteşem fikirler ararlar. Olumlu düşünenlerin başarı potansiyeli böyle artar. Fransız yazar Victor Hugo'nun dediği gibi, "Hiçbir şey, zamanı gelmiş bir düşünce kadar güçlü olamaz".

Bazı insanlar, parlak fikirlerin dünyada sadece dahilere nasip olduğuna inanır. Oysa parlak fikirler, yetenekten ziyade tutuma bağlıdır. Açık fikirli, yaratıcı bir insan, yeni fikirler için mümkün olan her yöne bakar. Baktığı zaman da yararını iyice araştırmadan hiçbir düşünceyi reddetmez. Dünyanın en büyük mucitlerinden Thomas Edison, bazı büyük icatlarını, daha önce başarısızlıkla sonuçlandığı düşünülen bir icadı inceleyip, neden işe yaramadığını araştırarak ve farkedilmeyen bir yönünü görerek yapmıştır.

PİREYİ DEVE YAPMAYIN

Olumlu düşünenler pireler üzerinde fazla zaman ve enerji harcamazlar, zira detayla uğraşmak onları hedeflerinden ve önceliklerinden saptırabilir. Önemsiz bir şey, bir insanda yanlış bir tepkiye yolaçtığında böyle olur - durumun gerektirdiği ile ölçekli olmayan bir tepki ortaya çıkar. Gerçekte ufak olan şu vakalara bir göz atalım:

- Vaktiyle bir Çin imparatoru, çaydanlık kırıldı diye savaş açmıştı.
- 1654 yılında İsveç Kralı, resmi bir evrakta kendi isminden sonra iki sıfat gelirken, Polonya Kralı'nın isminden sonra üç sıfat bulunduğunu farkedince iki ülke arasında savaş çıktı.
- Yaklaşık 900 yıl önce Modena ve Bologna arasında bir kuyuya ait su kovası nedeniyle çıkan savaşta, Avrupa büyük zarar gördü.
- Torey Markisi'nin üzerine bir bardak su dökülmesi, Fransa ve İngiltere'yi savaşa götürdü.
- Gruise Dükü'ne bir taş atan küçük bir çocuk, Vassy katliamına ve Otuz Yıl Savaşları'na neden oldu.

Detayları büyütmekle hiçbirimizin savaşa neden olacağı pek muhtemel olmamakla beraber,kendimizi ve etrafımızdakileri bu nedenle mutsuz edeceğimiz kesindir. Yalnızca, bir insanın ancak kendisini kızdıran şeyler kadar büyük olabileceğini hatırlayınız.

VERİCİ OLMAYI GELİŞTİRİN

Afrika'da görev yapan misyoner doktor Albert Schweitzer, "İnsan ömrünün amacı, diğer insanlara yardım etme yolunda hizmet vermek, merhamet göstermek ve istek duymaktır" diyor. O, bir insanın en büyük katkısının, diğerlerine bir şeyler verebilmek olduğunu anlamıştı.

General Mills kurumunun geçmişteki yönetim kurulu başkanı Harry Bullis, satış elemanlarına hep şu öğüdü vermekteydi:"Yapma yı umduğunuz satışı unutun, vermek istediğiniz hizmeti düşünün"Şunukeşfetmişti: insanlar dikkatlerini başalarına sunacakları hizmete verdiklerinde daha dinamik, daha güçlü ve daha karşı konulmaz olmaktadırlar. Sonuçta, kendisine bir sorunu çözmesinde yardım etmeye çalışan bir insana, kim karşı koyabilir?

> Kendisine bir sorunu çözmesinde yardım etmeye çalışan bir insana kim karşı koyabilir?

"Satıcılarıma şunu söylerim", diyordu Bullis, her sabah güne, "Bugün mümkün olduğu kadar çok satış yapmak istiyorum" yerine, "Bugün mümkün olduğu kadar çok insana yardım etmek istiyorum" diye başlarlarsa, alıcılara daha kolay yaklaşabilir ve daha çok satış yaparlar. Diğer insanlara yardım etmek, onlara daha mutlu ve daha kolay bir yaşam sağlamak üzere yola çıkanlar, en üstün satıcılardır.

Diğerlerine karşı verici olmak, bir yaşam tarzı haline gelir ve bu yolla alınacak olumlu sonuçları önceden tahmin etmek olanaksızdır.Bu bana bir zamanlar Sadhu Sundar Singh adlı bir adam hakkında dinlediğim bir öyküyü anımsatıyor. Bir gün bir arkadaşıyla birlikte Himalayalar'ın yükseklerinde bir geçitten geçiyorlarmış. Bir noktada, karlar üzerinde yatmakta olan bir adamla karşılaşmışlar.SundarSingh,durup zavallı adama yardım etmek istemiş,ancak arkadaşı itiraz edip, "Ona yardım edersek, kendi hayatımızı kaybederiz" demiş.

Ancak Sundar Singh bu adamı kar ve buz içinde bırakıp ölüme terketmeye razı olmamış. Arkadaşı uzaklaşmaktayken Sundar Singh, zavallı yolcuyu kaldırıp sırtına almış. Büyük güç sarfederek adamı taşımaya devam etmiş, derken Sundar

Singh'den yükselen ısı adamın vücudunu ısıtmış ve adam kendine gelmiş. Kısa süre sonra da, yan yana yürümeye başlamışlar.Arkadaşa yetiştiklerinde, onun ölmüş olduğunu görmüşler - soğuktan donmuş.

Sundar Singh vakasında bu insanın, sahip olduğu her şeyi -hatta yaşamını dahi- bir başkası uğruna vermek istediğini görüyoruz. Bunu yaparken, hayatı buluyor. Umursamaz refakatçi ise, hayatını kurtarmaya çalışıp, onu kaybediyor.

OLUMLU DÜŞÜNMENİN MEYVASI-OLUMLU YAŞAMA

Olumlu düşünmek, hayatınızı değiştirebilir. Seçtiğiniz herhangi bir yolda başarılı olmanızı sağlayabilir. Burada size olumlu düşünenlerin bazı özellikleri verilmektedir. Başkaları da eklenebilir, ancak sadece bunlar dahi kişiyi başarıya giden yolun üstüne yerleştirebilir.

KENDİNE GÜVEN

Olumlu düşünen bir insan olduğunuzda, kendinize ve başkalarına inanç duyarsınız. Sonuçta yeni şeyler denemek, daha çok riske girmek için daha istekli olursunuz. Bunun da sonucunda, daha çok şey başarırsınız. Kendinizi, kapasitenizin sınırlarını zorlar duruma getirme yeteneğiniz vardır. Zaman geçtikçe, neleri yapabildiğinizi ve neleri yapamadığınızı daha iyi anlar ve bu sayede kendinizi daha güvende hissedersiniz. Zaman içinde, başarısızlılarınız dahi sizin kendinize olan güveninizi sarsamayacaktır, zira bu hataların sizin kimliğinizi değiştirmediğini bilecek ve uzun vadede iyi şeylerin mutlaka olacağını bileceksiniz.

İNİSİYATİF

Kendine güvenme, inisiyatifi de iyileştirir. Yaşamın olumlu olduğuna inanma isteği, içinizdeki yeni şeyler deneme arzusunu filizlendirebilir.Yaşamın olumsuz olduğuna inanan insanlar, bekleyip, başlarına kötü şeyler gelmemesini umudederler. Olumlu olduğunuzda, yeni deneyler yapmak ve iyi şeylerin olmasını sağlamak için sabırsızlanırsınız.

ISRAR

Olumlu şeylerle karşılaşacağınıza inandığınızda,bu olumluluklarla karşılaşıncaya dek ısrarınızı sürdürürsünüz. Engellerle karşılaştığınızda dahi, önünüzde güzel şeyler olduğunu bilerek yolunuza devam edersiniz, - vazgeçmediğiniz sürece. Sonuçta vazgeçmek, geçici bir sorun için kalıcı bir çözüm olur.

Vazgeçmek, geçici bir sorun için kalıcı bir çözüm olur.

YARATICILIK

Bir deha olan Albert Einstein, "Umutsuz oldukları zaman, insanların yaratıcı olamadıklarını gördüm", der. Yüzyılın en yaratıcı düşünenlerinden birinin ağzından çıkmış muazzam bir deyiştir bu.

Dikkatleri olumlu şeyler üzerinde toplamak, araştırmaya, soru sormaya ve yeni cevaplar aramaya büyük istek duyulmasına yol açar. Olumlu olduğunuzda, dünya sınırsız olasılıkla doludur. Rahmetli Walt Kelly tarafından yaratılan bir çizgi roman kahramanı olan Pogo'nın bile dediği: "Başa çıkamayacağımız kadar çok fırsat var karşımızda".

LİDERLİK

İyi bir lider olmayı öğrenmek, tüm bir yaşam boyu sürer. Ancak başlangıcında, diğerleriyle ilişkileriniz yatar. İnsanlar sevmedikleri birini takip etmezler - en azından uzun süre takip etmezler.Ve insanların, özde olumsuz insanları sevdikleri pek enderdir.

Fransız ihtilalci General Napolyon Bonapart diyor ki: "Lider,umutlarla uğraşandır".Liderler,etraflarındaki insanlara başarı için umudu ve kendilerine inanmayı damla damla aşılarlar. İnsanları, hedeflerine ulaşmaları için güçlendirirler.

BÜYÜME

Olumlu tutumlara sahip olduğunuzda, pek çok kapının çıldığını göreceksiniz. Bunlardan en çarpıcısı, büyüme lanağıdır. Doğru tutum sizin büyümeye açlık duymanıza yol çar, sürekli büyüme ise başarılı insanların en temel ortak önlerinden biridir.

SONUÇ ÜRETEBİLME YETENEĞİ

W.W.Ziege diyor ki: "Zihinsel tutumunu doğru seçmiş bir adamı, hedefine ulaşmaktan hiçbir şey alıkoyamaz; yanlış zihinsel tutumla yola çıkan bir adama dünyada hiçbir şey yardım edemez". Sonuç şudur; olumlu düşündüğünüzde, sonuçlar üretebilirsiniz. Kendinizi tepkiler üreten değil, etkiler üreten biri konumuna koymaktasınız. Her gün içine düştüğünüz olumsuz durumlardan kurtulmaya çalışmak yerine, başarıya giden ve uğrunda çalışmaya değer hedefler üzerinde çalışmaya başlayabilirsiniz.

Başarı söz konusu olduğunda insanlar kiloyla, santimle, diplomayla veya aile geçmişleriyle ölçülmez: düşüncelerinin boyutlarıyla ölçülür.

> Rüzgârın yönünü tayin edemeyiz... ama gemilerin seyrini ayarlayabiliriz.

Ne kadar büyük düşündüğümüz de, başarımızın ebadını belirler. Ne kadar büyük düşündüğümüz, nasıl düşündüğümüze bağlıdır. Nasıl düşündüğümüz ise, hayatta kontrolünü elimizde bulundurduğumuz sayılı şeylerden biridir. Birinin dediği gibi: "Rüzgârın yönünü tayin edmeyiz... ama gemilerin seyrini ayarlayabiliriz". Tutumunuzun ne kadar güçlü olduğunu asla gözardı etmeyin:

- *O, bizim gerçek benliğimizin 'gelişkin kişiliğidir'.*
- *Kökleri içeriye, ancak meyvaları dışarıya yöneliktir.*
- *En iyi arkadaşımız veya en belâlı düşmanımızdır.*
- *Kelimelerimizden daha dürüst ve tutarlıdır.*
- *Geçmiş deneyimlere dayanarak, dış dünyaya bakmaktır.*
- *Diğer insanları bize çeken veya onları iten bir şeydir.*
- *İfade edilmedikçe kendi gerçeğini bulamaz.*
- *Geçmişimizin kütüphanecisidir.*
- *Şimdiki zamanımızın sözcüsüdür.*
- *Geleceğimizin kâhinidir.*

Olumlu tutumlara sahip olmak, başarıyı garanti etmez. Ancak tutumunuz olumluysa, bu sizi başarıya giden yolun üstüne yerleştirir. Oraya varıp varmayacağınız, yolda neler yapacağınıza bağlıdır.

BAŞARI STRATEJİLERİ İÇİN ALIŞTIRMALAR

Bu alıştırmalardan mümkün olduğu kadar çoğunu hayatınıza katmaya çalışın. Gelişmenizi izleyebilmek için bir günlük veya cetvel de tutmak isteyebilirsiniz.Olumlu düşünen bir insan olabilmek için, diğer pek çok şey gibi, bunun da uzun vadeli bir iş olduğunu bilmelisiniz. Bu alıştırmaları tutarlı bir biçimde bir yıl süreyle uygulayabilirseniz, hayata bakışınızın ve yaşam kalitenizin büyük ölçüde iyileştiğini göreceksiniz.

1- Her hafta başkası tarafından söylenmiş, olumlu bir cümle veya özdeyiş bulun ve bunu 7x10 cm ebadında bir karta yazın (bu bölümdeki bazı deyişleri kullanarak başlayabilirsiniz). O hafta her gün bu kartları yanınızda taşıyın. Gün boyu, örneğin yemekler sırasında, bu kartı çıkarıp okuyun ve üzerinde düşünün, kartı gün boyu görebileceğiniz bir yere, meselâ masanızın, araba konsolunun veya banyodaki aynanızın üstüne koyun. Her özdeyişi, o haftaki düşüncelerinizin bir parçası haline getirin.

2- Genelde hakkında olumsuz düşünceler beslediğiniz bir insan seçin. Bu kişideki olumlu vasıfları aramak ve olumsuz düşüncelerinizi olumlu düşüncelerle değiştirmek üzere bir plan yapın. Tanrı'ya inanıyorsanız, o insan için dua edip,Tanrı'dan onu korumasını dileyin.

3- Haftada bir günü, '10'luk gün' ilan edin. Sabah kalktığınıza, karşılaştığınız her insanın'10' olacağına kendinizi inandırın. Ve onlara '10' imişler gibi davranın. Dikkatinizi çekmeyen ve değerini hafife aldığınız insanlardan aldığınız tepkilere kendiniz de şaşıracaksınız. İlişkilerinizin pekçoğu düzelmeye başlayacaktır.

4- Haftanın bir gününü, 'olumlu düşünme günü' olarak belirleyin. 'Yapamam', 'asla', 'olmaz' sözcüklerini, o gün için kelime hazinenizden çıkarın. Gün boyu, daha önce 'İşe yaramaz', 'Bunu daha önce hiç böyle yapmamıştık', 'Bunu yapamam' veya bunun gibi yanıtlar verdiğiniz hususlarda, nelerin yapılabileceğini kendinize sorun. Tüm gün yaptığınız her şeyde saklı olasılıklar ve fırsatlar arayın.

5- En az haftada bir kez, başkalarına bir şeyler verebilmek için yollar arayın. Eşiniz ve çocuklarınız için bir şeyler yapın. Bir komşunuza veya iş arkadaşınıza yardım edin. Bir yabancıya ufak bir iyilikte bulunun. Kimliğinizi belirtmeden bir şeyler verebilirseniz, bu daha da iyi. Çifte sevap işlemiş olursunuz.

İkinci Bölüm

Başarılı insan,

BAŞARISIZLIĞIN HAKKINDAN GELME

'yi bilir

Ondan ders almıyorsanız başarısızlık, başarısızlık sayılmaz.

-Dr. Ronald Niednagel

Başarıya ulaşamayanların yüzde doksanı yenilgiye uğramamıştır... Sadece pes etmişlerdir.

-Paul J.Meyer

Bir insanın başarısını belirleyen en temel etkenlerden biri, onun başarısızlığı nasıl karşıladığıdır. Başarılı olmayı arzu eden herkes, başarısızlığı yenmek ve ilerlemeye devam edebilmek için stratejiler geliştirmelidir. Eğer geliştirmezse, başarısızlık mutlaka cesaretsizliğe ve cesaretsizlik de yenilgiye yol açar.

BAŞARAMAMA KORKUSU

Başarısızlık - kelime olarak dahi olumsuz. Bundan başka -'ölüm' dışında- hangi kelime insanın içine korku salar? Birinin başarısız bir insan olduğunu duyduğunuzda, zihninizde bir resim belirir: yoksuluk içinde yaşayan, belki hiç arkadaşı olmayan, parasız, başarısız, geleceği olmayan, hatta belki ümidi dahi bulunmayan bir adam.

İnsanların başarısızlıktan korkmalarının pek çok nedeni vardır. İşte bunlardan bazıları:

ELEŞTİRİLME KORKUSU

Bazı insanların eleştiri korkuları inanılmaz boyutlardadır. Sanki, Jan Spoelman'ın şu sözüne harfiyen uyarak yaşamaktadırlar: "Şüpheniz varsa, söylenenleri kendi üzerinize alının". Tarihte büyük başarılar kazanmış insanların çoğu acımasızca eleştirilmiş, ancak sebat etmiş kişilerdir. Benim en beğendiğim örneklerden biri, 18. yüzyıl İngiliz din adamı George Whitefield'dır. Kendisi belki de çağımızda yaşamış ve en çok aşağılanmış kişidir. Düşmanları onu öldürmekle tehdit edip, bu iş için adamlar tuttular. Onu afaroz edip, şehri terketmesini söylediklerinde, reddetti. Kiliselere sokmadılar, vaazlarını sokakta vermeye zorladılar. Şeytan kıyafetine girmiş şaklabanlar, onunla alay edip, üstüne çamur, yumurta, domates ve ölü kediler attılar. Birkaç kez taşa tutarak, başını kanlar içinde bıraktılar. Whitefield'in zamanında yaşayan pek çok ünlü -Dr. Samuel Johnson, Sir Joshua Reynolds, Oliver Goldsmith, William Hogart, Horace Walpole, Buckingham Düşesi- onu küçük gördüler.

> Tarihte büyük başarılar kazanmış insanların çoğu acımasızca eleştirilmiş ancak sebat etmiş kişilerdir.

Ancak eleştirilere ve engellemelere rağmen o, misyonunu sürdürdü. Londra dışındaki çayırlarda, onu dinlemek için binlerce insan toplandı. Galler'de ve İskoçya'da kömür işçilerine seslendi. Öksüzlere yardım için gerekli parayı topladı.

Whitefield muhtemelen gece olup uykuya dalmadan önce, on "başarısızlık" ın hepsiyle tanıştı, her gün daha büyük eleştirilerle karşılaştı ancak pes etmedi. Yaptığının doğru olduğunu yüreğinde hissediyordu ve bu yolda devam etti.

Eleştirilmekten korkan bir insansanız, doğru olduğunu bildiğiniz şey üzerinde yoğunlaşın, dikkatinizi ona verin ve diğerlerinin hakkınızda ne düşündüğü üzerinde daha az zaman harcayın.Bazı insanların daima söyleyebilecekleri olumsuz şeyler vardır. Lloyd Cory'nin dediği gibi, 'eleştirmek, yaratmaktan 100 defa daha kolaydır'.

RİSK ALMA KORKUSU

Yirminci yüzyılın en yaratıcı kişisi ve büyük hayal ustası Walt Disney, diyor ki: "Tüm düşlerimiz gerçekleşebilir - eğer onları kovalayacak cesareti kendimizde bulursak". Büyük fikirlerin sahipleri, bu düşünceler üzerinde hareket edecek cesareti bulabilseydi, dünya bambaşka olurdu. Ancak gerçekte pek az insan risk alma korkusunun üstesinden gelebilmektedir.

> Dalların ucuna uzanmaktan çekinmeyin... Meyvalar, dalların ucundadır.

Başarılı olabilmek için, riskleri göze alabilmelisiniz. Mutlaka denemelisiniz. Dalların ucuna uzanmaktan çekinmeyin.. Meyvalar, dalların ucundadır.

KENDİNE OLAN GÜVENİ YİTİRME KORKUSU

Norman Vincent Peale diyor ki, "Yenildiğinize inanır ve bu inancı sürdürürseniz, gerçekten yenilirsiniz".Bazı insanlar yenilgiden korkar, zira kendilerine olan güveni bu yüzden kaybedeceklerine inanırlar.Sonuç olarak kendilerini başarısız olmayacakları konumlara yerleştirirler. Ne yazıktır ki aynı tutum,onları sıradanlık dışında bir başarı elde edemiyecekleri konumlara iter. Kendilerini alelâde bir yaşama havale eder-ler, öz güvenleri de bu durumdan hiçbir yarar sağlamış olmaz. Sahip oldukları güven ise, daha başka neler olabileceği endişesiyle lekelenir.

Eğer öz güveninizi kaybetmeyi göze alıyorsanız, neden elinizden gelenin en iyisini yapmayı denemeyesiniz? Dener ve başarısız olursanız, hiçbir şey kaybetmiş olmazsınız. Dener ve biraz başarılı olursanız, daha iyi. Diğer taraftan, hiçbir şeyi denemezseniz, başarılı olabilmek için hiçbir zaman hiçbir şansınız olmaz.

İKİNCİ BİR ŞANSA HİÇBİR ZAMAN SAHİP OLAMAMA KORKUSU

Pek çok insanın başarısızlık hususunda duyduğu en büyük korkulardan biri, eğer başarılı olamazlarsa denemek için ikinci bir şansa hiçbir zaman sahip olamamaktır. Eğer bu insanlar ünlü, başarılı kişilerden kaç tanesinin ilk denemelerinde başarısız olduğunu bilselerdi,umutları mutlaka tazelenirdi.

Henry Ford diyor ki, "Başarısızlık, yeniden ve daha zekice yeniden başlayabilme fırsatından başka birşey değildir". Ve Ford'un da başarısızlığı bizzat tanıdığı kesindir. Otomobil endüstrisindeki ilk iki deneyimi sırasında şirketleri iflas ederek battı. Üçüncü deneyiminde başarıyı yakaladı: The Ford Motor Company hâlâ güçlü, ve bugün dünyadaki en büyük otomobil üreticilerinden biri konumunda.

Bir başka tanınmış "başarısız", West Point'daki ABD Askerî Akademisine giderek, ülkesine hizmet etme rüyası olan genç bir adam. İki kez müracaat etmiş, ancak kabul edilmemiş. Üçüncü başvurusu nihayet kabul görmüş. Bu genç adamın adı, Doglas MacArthur. Yıllar sonra Birleşik

Devletler'deki generaller arasında en üst sıralarda yerini almış ve II. Dünya Savaşında müttefik kuvvetlerin güneybatı Pasifik'teki kumandanı olmuş. O da, tıpkı Henry Ford gibi, rüyasını gerçekleştirmek için çıktığı yolculuğun ilk etaplarında bir değil, iki kez başarısızlığa uğramış. Ve tıpkı Ford gibi, hiç vazgeçmemiş.

Hayatta hiç kimse başarısızlıktan kaçamaz. Bu size çok basit gelebilir, ancak doğrudur. İzninizle tekrarlayayım: **Hayatta hiç kimse başarısızlıktan kaçamaz.**

Başarısızlıkla başa çıkmanın yolu, bu gerçeği bilmekten geçer. Bunu bilirseniz, ondan kaçmanın imkansız olduğunu anlarsınız.Sonuç olarak,başarısızlığa uğramamak için zaman ve güç harcamayı bir kenara bırakıp, dikkatinizi onunla başarılı şekilde uğraşabilmek üzerinde toplayabilirsiniz. Pek çok iyi, yürekli, zeki, çalışkan insan, başarısızlığın kendilerinden pek çok şey alıp götürmesine seyirci kalmıştır. Engellere rastladıklarında pes etmişlerdir. Hayellerine erişemiyeceklerini söyleyen olumsuz insanlara kanmışlardır.Dünya tarihi, kapasitesi büyük olduğu halde, vaktinden önce pes eden insanlarla doludur. Potansiyeline erişemeden ölüp giden pek çok insan vardır.

> Başarısızlığa uğramamak için zaman ve güç harcamayı bir kenara bırakın, dikkatinizi onunla başarılı şekilde uğraşabilmek üzerinde toplayın.

Allahtan, dünyada-Polonyalı piyanist Ignace Paderewski gibi- direnenler de çıkıyor. Piyano çalmaya ilk karar verdiğinde müzik hocası ona, ellerinin çok küçük olduğunu ve klavyede bu yüzden uzmanlaşamayacağını söylemiş. Ya da eşsiz İtalyan tenor Enrico Caruso; müzik eğitimi için ilk başvurduğunda sesinin camda ıslık çalan rüzgâra benzediği söylenmiş kendisine. Sebat eden bir başka kişi de, Viktorya Dönemi İngiltere'sinin büyük devlet adamı, Benjamin Disraeli. Parlementoda konuşma yapmak üzere kürsüye ilk çıktığında üyeler onu yuhalamış, "Şimdi yerime oturuyorum, ancak beni dinleyeceğiniz zaman da gelecektir" dediğinde de gülmüşlerdi.

BAŞARISIZLIĞIN ÜSTESİNDEN GELEBİLME FORMÜLÜ

Büyük işler başaran insanlar her zaman, hayallerini gerçekleştirebilmek için inatla ve dirençle başarısızlıklarının karşısında direnen kişiler olmuştur. Israrcı olmuşlar ve başarı için stratejiler geliştirmişlerdir.Siz de başarılı olabilmeyi arzuluyorsanız,sizin de başarısızlıklarla savaşabilmek için bir strateji geliştirmeniz gerekir. Size yararı olacağına inandığım bazı ipuçları aşağıda sunulmuştur:

Büyük işler başaran insanlar her zaman, hayallerini gerçekleştirebilmek için inatla ve dirençle başarısızlıklarının karşısında direnen kişiler olmuştur.

BAŞARSIZLIĞIN NE OLDUĞUNU İYİ ANLAYIN

Başarısızlığın üstesinden gelmede ilk adım,başarısızlığın ne olduğunu iyi anlamaktır: geçici bir engel. Başarısızlık nihai değildir, onu ancak siz nihai kılabilirsiniz.Gecikmeler mutlaka hayatî (veya ölümcül) değildir. Baskılar kalıcı olamaz.Başarısızlıklar, başarıya giden yoldaki kilometre taşları gibi algılanmalıdır, yoksa

Başarısızlık nihai değildir, onu ancak siz nihai kılabilirsiniz.

> Başarısızlığı nasıl algıladığınız, tamamen tutumunuza bağlıdır.

tabut çivileri olarak değil. Başarısızlığı nasıl algıladığınız,tamamen tutumunuza bağlıdır.

BAŞARISIZLIĞINIZI GÖZDEN GEÇİREREK ÖĞRENİN

William A. Ward diyor ki, "Başarısızlık ecel değil, öğretmendir... Başarısızlık yenilgi değil, gecikmedir... Çıkmaz sokak değil, virajdır". Başarısızlığa bu açıdan bakabildiğinizde, onu yenme yolunda ikinci önemli adımı atabilirsiniz demektir. Başarısızlığa, öğrenme fırsatı olarak bakabilmelisiniz.

> Başarısızlığa, öğrenme fırsatı olarak bakınız.

Başarısız insanlar bir kez dener, başarılı olamaz, vazgeçer, dikkatini başka yöne verir. Düsturları; "İlk deneyiminde başarısız olursan, deneyip başarısız olduğunu kanıtlayan herşeyi yoket" dir. Diğer yandan başarılı insanlar, bir kez dener, başarısız olurlarsa başarısızlıklarını gözden geçirir, bundan dersler çıkarır ve aynı şeyi tekrar denerler. Eğer gerekirse, hatalarından ders almayı sürdürebilmek için aynı yöntemi tekrarlarlar. Sebatları sayesinde sonunda başarırlar.

Bundan sonra başarısızlığa uğradığınızda, ne olduğunu gözden geçirerek tarafsızca başarısızlık nedeninizi belirleyin. Onu inceleyerek ve gereken ayarlamaları yaparak, tekrar deneyebilecek ve bir dahaki sefer başarmak için daha uyanık ve donanımlı olabileceksiniz.

ZAAFLARINIZIN FARKINDA OLUN

Başarısızlıklarınızdan dersler çıkarabilmenin enzor tarafı, hatalara neden olan kendi kişisel zayıflıklarınızı bulabilmektir. Bu süreç, gerçek dürüstlük ve sağlam karakter gerektirir.

Bir kez kişiliğinizin zayıf yönünü keşfettiğinizde de, onu düzeltebilme yolunda kendinizi disipline etme zamanı gelmiş demektir.

Bu sürece, tarihteki pek çok insanın hayatından örnekler bulunabilir. En çarpıcı örneklerden biri, İngitere'nin yetiştirdiği en meşhur deniz kahramanlarından biri olan Amiral Lord Nelson'nun hayatında yatar. Tüm hayatı boyunca deniz yolculukları onu hasta etmiştir. Napolyon'un donanmalarını yerle bir eden bu adamın, deniz tutmasına yenik düşmenin buna engel olmasına izin vermediğini söylemek bile anlamsızdır. Nelson hem kişisel zayıflığı ile yaşamayı öğrenmiş, hem de onu altetmeyi başarmıştır.

Pek çoğumuzun, 'deniz tutması' için kendi tanımlarımız bulunabilir. Bazıları için bu fiziksel bir sorun olabilirken, diğerleri için psikolojik olabilir. Genelde bunu yenme disiplini, içimizde sessizce sürdürdüğümüz kişisel bir savaştır. Bunun için hiçbir zaman madalya kazanamayız. Ancak başarıya ulaştığımızda, dayandığımızı ve kişisel başarısızlığın bizi yenilgiye sürükleyemediğini bilmekten doğan tatmin hissini de hiçbir şey gölgeleyemez.

ÇABALARINIZDA YENİ AYARLAMALARA YER VERİN

Başarıya ulaşma yolunda karşılaştığımız engelleri aşabilme sürecinde bir başka husus, yeri geldikçe çabalarınızı yeni ayarlamalara tabi tutmaktır. Aynı kusurlu yöntemi tekrar tekrar uygulayarak engelleri aşamazsınız. Yine de bazıları böyle yapar. **Aynı hataları tekrarlar ve sonucun gerçekleşmesini beklerler.**

ABD'nin St.Louis, Missouri kentinden ünlü bir plastik cerrah hakkında anlatılan bir öykü aklıma geliyor. Hastalarından biri, bileğinden itibaren elini kaybeden bir çocuktu.

Oğlana sakatlığını anlatmasını söylediğinde çocuk şöyle cevap veriyordu, "Sakatlığım yok, efendim. Sadece sağ elimi kaybettim".

Doktor daha sonraları öğrendi ki bu çocuk, kendi okulundaki (elle oynanan) Amerikan futbol takımının en gözde oyuncularından biriydi. Bu genç, aşikar bir eksikliğin kendisini pes ettirmesine izin vermedi. Sadece başarabilmek için gerekli düzeltmeleri ve ayarlamaları yerine getirdi.

OYUNA TEKRAR GİRİN

> Oyuna tekrar girmezseniz, başarılı olma şansınız hiç olmaz.

Bu husus, engelleri geçebilme stratejileri konusunda söyleyeceklerimin sonuncusudur. Tüm analizler tamamlandığında ve düzeltmeler, ayarlamalar yapıldığında, elini yitiren çocuğun yaptığı gibi, sizin de oyuna tekrar girmeniz gerekir. Bunu yapmadığınız takdirde, başarılı olma şansınız olamaz.

* * *

Fletcher L.Byrom diyor ki, "Hataların öğretici olduğu, klişeleşmiş bir sözdür, ancak ben bu durumu daha açık ifade edeceğim: Ben, hata yapmadan öğrenemeyeceğinizi söyleyeceğim". Kulağa garip gelebilir, ama genellikle yenilikler deneyerek öğrenme isteğinizin ne kadar güçlü olduğunu yaptığınız hataların adedi ile ölçmek mümkündür. Bir yılın sonunda geriye dönüp baktığınızda, kendinize "hiç hata yapmadım" diyebiliyorsanız, muhtemelen yeni şeyler deneyerek kendinizi yeteri kadar zorlamadınız demektir. Eğer, "Pek çok hata yaptım, ama bunlar kendi limitlerimi zorlar, büyümeye çalışırve riskler alırken oldu"diyebiliyorsanız,o zaman muhtemelen öğreniyor vebüyüme yolunda ilerliyorsunuz demektir.

Bıçak sırtında yürüdüğünüzde, büyük mesafe katedersiniz. Ama pek çok da hata yaparsınız. Eğer o hatalardan dersler alıyorsanız, muhtemelen daha büyük başarılara doğru yol alıyorsunuz demektir.

CESARETSİZLİK TOHUMLARI

Başarı için sürekli çabalayan, ancak engellerle karşılaşan insanlar için bertaraf edilmesi gereken en önemli manialardan biri, cesaretini kaybetmektir. Herkes engellerle karşılaşırken -zira onlardan kaçmak olanaksızdır -, tüm insanların cesaretini kaybetmesi şart değildir.

Başarısızlık, haricidir. Belli bir hedefe ulaşamamak veya bir görevde başarısız olmak demektir. Diğer yandan cesaret kaybı, dahilidir. Zihinsel bir tutumdur, ve zihinsel tutumlar kontrol edilebilir.

Hepimizin yaşamına dikilmiş cesaretsizlik tohumları bulunmaktadır. Önemli olan, onlara ne yaptığımızdır. Bu cesaretsizlik tohumlarını sulayıp besleyerek, büyüyüp sonunda bizi boğmalarına olanak verecek miyiz, yoksa onları sulamayıp, gelişmelerine ve bize zarar vermelerine mahal bırakmayacak mıyız?

İnsanların cesaretlerini kaybetmelerindeki en yaygın nedenlerden dördü, aşağıda sıralanmıştır. Bunları, gelişmiş, çiçek açmış cesaretsizlikler haline gelmelerini önleyebileceğiniz tohumlar olarak algılayınız:

DİKKATİNİ KENDİ ÜZERİNDE TOPLAMA

Cesaretsizliğin en yaygın nedenlerinden biri, bencilliktir. Bir insandikkatini kendisi üzerinde topladığında ve günlük olayların her birini sadece kendisine olan yararları açısından değerlendirdiğinde, cesaretsizlik tohumlarını sulamış olmaktadır.

Uzmanların, cesaretini yitiren veya depresyonda olan kişilere, çıkıp diğer (bilhassa kendilerinden daha şanssız) insanlar arasına karışmalarını ve onlar için bir şeyler yapmalarını söylemeleri, boşuna değildir. Bu genellikle, cesaretini kaybeden insanların dikkatlerini kendi üzerlerinde daha az yoğunlaştırmalarını sağlar. Bencillikleri azaldıkça, cesaretsizlikleri de azalır. Cesaretsizliğe çabuk kapılan bir insansanız, diğer insanlara yardım etmek veya onlar için yararlı hizmetlerde bulunmak isteyebilirsiniz. Başkalarına yardım ederken kendinize de yararlı olmanın çok iyi bir yoludur bu.

FIRSATIN KAÇMIŞ OLDUĞU İNANCI

Bir insanı, fırsatı kaçırmış olduğuna inanmak kadar cesaretsizliğe sürükleyebilecek pek az şey vardır. Fırsat kaçırmak, umut yitirmeye dönüşebilir. Umudunu kaybetmekse, her zaman cesaretsizliğe götürür.Hatırlanması önemli olan bir husus, fırsatın giderkenher zaman gelirken götürdüğünden daha büyük görünmesidir.Başka bir deyişle, pek çok kişi için kaçırdıkları bir fırsatı görmek çok kolaydır. İnsanların, henüz gelmemiş bir fırsatı görüp tanımaları çok daha zordur. Kaçırdığınız fırsatları kolayca görebilirken, gelenleri göremezseniz,cesaretinizi muhtemelen kaybedersiniz.Ancak, iyi haber şudur: **şu anda görebilseniz de, göremeseniz de, ufukta daima yeni fırsatlar bulunmaktadır.**

> Fırsat giderken, daima gelirken göründüğünden daha büyük görünür.

> Şu anda görebilseniz de, göremeseniz de, ufukta daima yeni fırsatlar bulunmaktadır.

Bu alanda cesaretinizin kırılmasını engellemenizde size yardımcı olacak iki şey yapabilirsiniz:

1. **Perspektifinizi, yani bakış açınızı koruyun.** Yeni fırsatların kendini göstermeye devam edeceğini akılda tutabilirseniz, kaçırdıklarınıza üzülmek için daha az zaman harcarsınız. Aynı zamanda cesaretsizliği de beslememiş olursunuz.

> Kendinizi, fırsatları tanıma konusunda eğitirseniz, onları yakalayabilirsiniz.

2. **Fırsatlarla karşılaştıkça onları tanımayı öğrenin.** Kendinizi, fırsatları **tanıma** konusunda eğitirseniz, onları **yakalayabilirsiniz.** Fırsatları yakalamış başarılı insanlarla konuşun, onlara fırsatları nasıl tanıdıklarını sorun.Büyük adamlar hakkında kitaplar okuyarak onların nasıl başarılı olabildiğini öğrenmeye çalışın. Kendi içinizde, sürekli fırsatlar arayan bir tutum yetiştirin.

BAŞARININ HEMEN OLMASI GEREKTİĞİ İNANCI

Başarı, onu hakedenlere hemen gelmez. Sürekli çabaların sonucudur. Bunu bir kez keşfettiğinizde, bir gecede başarıyı yakalayamadığınız zamanlar cesaretinizi de kaybetmezsiniz. Amerika'daki Ulusal Kuru Gıda Satıcıları Derneği tarafından yapılan bir çalışma, satış elemanlarının yaklaşık yarısının ilk elemelerinde başarısız olmalarıyla işlerini bıraktıklarını ortaya koymuştur.

Şu istatistikleri gözden geçiriniz:

Tüm satıcıların %48 i, tek bir kez deneyerek, ardından vazgeçerler,

Tüm satıcıların %25 i,	iki deneme yapıp ardından vazgeçerler,
Tüm satıcıların %15 i,	üç deneme yapıp ardından vazgeçerler,
Tüm satıcıların %12 si,	üç deneme yapıp denemelerini sürdürürler (bu satıcılar, tüm satışların %80 inden sorumludurlar).

George H. Mathason'un dediği gibi, "Fetihlerimiz -pek parlak bir yolla olmasa bile- azimle gerçekleşir !"Cesaret, dayanma gücü ve azmin değeri, aşağıda bahsi geçen insandan başka pek az kişinin yaşam öyküsünde böyle açıkça görülür (her olay meydana geldiğinde, bu kişinin o sırada kaç yaşında olduğu, sağ kolonda belirtilmiştir):

İşinde başarısızlığa uğradı	22
Eyalet meclis üyeliğine adaylığını koydu ve kaybetti	23
Yine işinde başarısızlığa uğradı	24
Eyalet meclis üyeliğine seçildi	25
Kız arkadaşı öldü	26
Sinir buhranı geçirdi	27
Temsilciler meclisi sözcülüğe adaylığını koydu ve kaybetti	29
Seçmenler kurulu üyeliğine adaylığını koydu ve kaybetti	31
Kongre üyeliğine adaylığını koydu ve kaybetti	34
Kongre üyeliğine seçildi	37
Kongre üyeliğine adaylığını koydu ve kaybetti	39
Senato üyeliğine adaylığını koydu ve kaybetti	46
Başkan yardımcılığına adaylığını koydu ve kaybetti	47
Senato üyeliğine yeniden adaylığını koydu ve kaybetti	49
Amerika Birleşik Devletleri Başkanlığı'na seçildi	51

Bu kişi, pek çok insan tarafından Birleşik Devletler'in en büyük başkanı olduğuna inanılan, Abraham Lincoln'dur.

Daima hatırlayın, başarının hemen geleceğine dair hiçbir garanti yoktur. Bu, genelde zaman alır. Akşamdan sabaha başarı kazandığını düşündüğünüz pek çok kişi, bulundukları yere gelebilmek için yıllarını bu yolda harcamışlardır. Bu insanlar, sebat etmeyi sürdürmüş ve ancak cesareti kırılmayanların başarıya ulaşabildiğini anlamış kişilerdir.

HEDEF VE PLAN EKSİKLİĞİ

Son olarak pek çok insan, başarıya ulaşmada amaçları olmadığı ve bir planları bulunmadığı için cesaretlerini yitirmekte olduklarını farkederler. Elektrik ampulünü, fonografı ve diğer binlerce icadı gerçekleştiren Thomas A.Edison,icatlarında önemi olduğuna inandığı başlıca beş etmeni belirlemiş. Bunlar, kendisinin bir hedef doğrultusunda planlamaya nasıl yaklaştığını yansıtmaktadır. Bu etmenler şunlardır:

1- Varılmak istenenin ne olduğunu tanımlayabilmek.

2- Zihninizi bu hedefe sabitleyerek, bunu gerçekleştirebilmek için elinizdeki tüm kaynakları kullanmak.

3- Kaç engelle karşılaştığınıza aldırmaksızın, başarıya giden bir yol aramayı sürdürebilmek.

4- Bir başkasının da benzer bir düşünce veya metod kullanarak denediğini ve başarısız olduğunu bilmenin verdiği ışıkla, ısrarcı olabilmek.

5- Çözümün var olduğuna ve ısrarcı olduğunuzda bunu bulacağınıza inanabilmek.

Edison, cesaretsizliğe düşmeyi reddeden bir insandı. Bir yangında, içindeki her şeyle beraber laborotuvarı yanıp kül olduğunda dahi vazgeçmeyi aklından geçirmedi. Bunu sadece, onu yeniden inşa edebilmek ve eskisinden daha iyisini gerçekleştirebilmek için bir fırsat olarak gördü.

Bir amaca sahip olmak, hedefler belirlemek ve zamanınızı iyi kullanmak o kadar önemlidir ki, üç, dört ve beşinci bölümler bu düşüncelere ayrılmıştır.

CESARETSİZLİĞİ YENEBİLMEK

Belki siz, kendinizi şimdiden cesareti kırılmış hissediyorsunuz veya belki de bir tanıdığınız bu duygular içindedir. Ve belki de bu hususta ne yapılacağını bilmiyorsunuz. Ümitsizliğe düşmeyin.Cesareti kırılmış halinizden, cesaretinizi toplamış hale dönüşebilirsiniz. İşte yardımcı olabilecek dört adım:

OLUMLU YÖNDE HAREKETE GEÇİN

Birinci bölümde bahsettiğim gibi, harekete geçmeden önce şevk gelmesini beklerseniz, hiçbir zaman harekete geçemezsiniz. Önce harekete geçmelisiniz; şevk, arkadan gelecektir.

Bir zamanlar, bahçesinde dolaşırken toprağın üzerinde bir kuş uvası bulunduğunu gören bir ozanın öyküsünü dinlemiştim. Fırtına, ağacın dallarını karıştırmış ve yuva perişan olmuştu. Ozan yere düşen yuvaya bakıp derin düşüncelere almışken, başını kaldırdığında kuşların yeni bir yuva yapma alışmalarına çoktan başladıklarını farketmişti.Fırtınanın,endilerini cesaretsizliğe sürüklemesine izin vermemişlerdi. Olumlu yönde harekete geçmişlerdi bile.

OLUMLU DÜŞÜNMEYE BAŞLAYIN

Birinci bölümde bahsettiğim gibi, başarıya uzaklığınız, olumlu tutumunuz kadardır. Size olumlu düşünce ve sebatla ilgili bir başka örnek vermek isterim. Tüm zamanların en meşhur yarış atlarından birinin adı, Savaşçı (Man O'war) dır. İki yaşında bir at olan Savaşçı, arka arkaya altı yarış kazanmıştı. Derken 1919'da, ilk kez yenildi - Devrik (Upset) isimli bir at onu geçti. Şöyle oldu.

Yarıştan önce atlar, girişte beş dakika kadar -oldukça uzun bir süre- start alanında bekletildiler. Savaşçı her yarıştan önce sinirli olurdu, ve kötü bir zaman geçirdi. Atlar yarışa nihayet başladığında, yedi at arasında beşinciydi.

Safkan atlar ürkek olabilir, kazanmaya alışkın olanları da iyi bir başlangıç yapmazlarsa yarışı bırakabilir. Ancak Savaşçı, böyle yapmadı. Yiğitçe arayı kapatmaya çalıştı. Yarışın ortalarına gelindiğinde, beşincilikten dördüncülüğe geçmişti. Yarışın dörtte üçü geride kaldığında, üçüncüydü. Atlar son ayağa ulaştığında, atak yaparak ikinciliğe geçti. Bitiş çizgisinden on boy geride, başı Devrik'in eyerine gelmişti bile. Eğer yarış biraz daha uzun olsaydı, kazanmış olacaktı.

Ancak öykünün sonu bu değil. Bir yıl sonra Savaşçı, Devrik ile yeniden yarıştı ve bu defa açık farkla onu yendi.

Cesaretsizliği yenmek istiyorsanız, olumlu düşünün. Yarışı kazanacağınıza inanın, şansınız olacaktır. Kaybettiğinize inanın, kaybedersiniz.

OLUMLU ÖRNEKLERİ İNCELEYİN

Cesaretsizlikle savaşmanın en iyi yollarından biri, olumlu ve ısrarcı insan örneklerini incelemek ve onları taklit etmektir.İncelediğiniz insanlar,kişisel olarak tanıdığınız başarılı kişiler olabilir.

Veya biyografiler okuyabilir ve insanların hayatlarındaki beğendiğiniz vasıfları ve bu vasıfları nasıl edindiklerini inceleyebilirsiniz. Örnekleri hemen heryerde bulabilirsiniz.

Doğada gördüğü olumlu bir örnekten ilham alan 14. yüzyıl Moğol imparatoru Cengiz Han'ın öyküsü hoşuma gider.Ordusu, güçlü bir düşman tarafından dağıtılmış. Düşman askerleri civarı gözden geçirirken, imparator terkedilmiş bir ahırda saklanıyormuş.

Orada yatar ve kendini umutsuz ve mahsun hissederken Cengiz Han, bir karıncanın bir mısır tanesini dik bir duvarın diğer yanına taşımaya çalışmasını seyretmiş. Mısır tanesi, karıncadan daha büyükmüş. Karınca, taneyi duvarın üstüne tam altmış dokuz kez taşımaya çalışmış. Altmış dokuz kez geriye düşmüş. Yetmişinci denemesinde, mısır tanesini tepeden diğer tarafa itmiş.

Cengiz Han, bağırarak ayağa sıçramış! O da sonunda başarılı olacakmış! Ve olmuş da - kuvvetlerini toplamış ve düşmana savaş açmış. Sonunda imparatorluğu, Karadeniz'den yukarı Ganj nehrine kadar uzanmış.

OLUMLU ISRARCILIK GELİŞTİRİN

Kişisel başarıda payı olan en önemli etmenlerden biri, ısracı çabalardır.***Zengin Düşünün, Zengin Olun*** (Think and Grow Rich) kitabının yazarı Napoleon Hill, Amerika'da en başarılı 500 den fazla kişinin yaşamlarını incelemiş ve bunların çoğu ile tanışma fırsatı bulmuş bir yazardır. Tüm insanların hayatında ortak olarak varolan tek vazgeçilmez etmenin, sebat veya ısrarcılık olduğunu keşfetmiştir. Bu kişiler, defalarca yenilgiye düştükleri halde denemeye devam etmişlerdir. Yazara göre büyük başarılara erişenler, sadece muazzam engelleri vebüyük cesaret kırıklıklarını yenebilmiş insanlar olmaktadır. Onun gözlemleri, Amerikalı mucit Booker

T.Washington'unkine benzer. Booker T.Washington, "Başarıyı ölçebilmek için bir insanın ulaştığı noktaya değil, başarmak içinaştığı engellerebakılması gerektiğini öğrendim", der.

Harold Sherman, bir zamanlar *Başarısızlığı Başarıya Çevirmenin Yolları* (How to Turn Failure into Success) adlı bir kitap yazmıştı. Bu kitapta, ısrarcılık için şu anahtarları veriyordu:

1. **Haklı oldduğumu bildiğim sürece vazgeçmem.**
2. **Sonuna kadar dayanırsam,her şeyin benim amacıma uygun olarak gelişeceğine inanıyorum.**
3. **Düşük olasılıklar karşısında cesaretli olacak ve korkmayacağım.**
4. **Hiç kimsenin, bana hedeflerime ulaşmada engel olmasına veya gözümü korkutmasına izin vermeyeceğim.**
5. **Tüm fiziksel engelleri ve aksilikleri yenmek için savaşacağım.**
6. **İstediğimi elde etmek için tekrar, tekrar ve yine tekrar deneyeceğim.**
7. **Tüm başarılı olmuş kadınların ve erkeklerin, yenilgiye ve güçlüklere karşı savaşmış olduklarını bilmek, bana taze inanç ve kararlılık veriyor.**
8. **Karşıma ne türlü bir engel çıkarsa çıksın, cesaretsizliğe veya ümitsizliğe hiçbir zaman teslim olmayacağım.**

Sebatın önemi, asla hafife alınmamalıdır.

Başarılı olmaya çalışırken, sebatın önemi aslahafife alınmamalıdır. Bu, cesaretsizliğin üstesinden gelebilmek için öğrenilmesi gereken erdemlerden biridir. Kişiye sebatını geliştirmesinde yardımcı olan yedi özellik bulunmaktadır:

BELİRLENMİŞ BİR AMAÇ. Sebat geliştirmede ilk ve belki de en önemli adım, ne istediğinizi bilmektir. Kuvvetli motifler size zorlukların üstesinden gelmede yardımcı olur.

ARZU. Şiddetle arzulanan bir hedefe doğru ilerlerken sebat geliştirmek ve onu korumak, nisbeten daha kolaydır.

BELİRLİ HEDEFLER. Organize hedefler ve planlar, daima sebatı güçlendirir.

DOĞRU BİLGİLER. Hiçbir şey, ödev yapmanın yerini tutamaz. Deneyimlere veya gözlemlere dayanarak, planlarınızın sağlam olduğunu bilmek, sebatı körükler. Bilmek yerine tahmin etmekse, tersine etki yapar.

İŞBİRLİĞİ. Diğerlerine karşı anlayışlı bir tutumda olmak ve uyumlu işbirliği, sebatı geliştirir.

GÜÇLÜ İSTEK. Belirli bir hedef için planlananı gerçekleştirebilmek üzerinde yoğunlaşma, sebata yolaçar.

ALIŞKANLIK. Sebat, alışkanlık sonucu oluşur. Zihin, her gün yaptığı şeyi emer ve onun bir parçası haline gelir.

* * *

Nerede olurlarsa olsunlar ve ne yapıyorlarsa yapsınlar, olumlu tutumlarını koruyan insanlar hayattan daha çok zevk alırlar. Bununla beraber, yapmayı seçtikleri her ne olursa olsun, ancak başarısızlıkların üstesinden gelebilen ve cesaretsizliğe düşmeyen insanlar, o alanda ileri gidebilme avantajına da sahip olurlar. Hayallerinin peşinden gitmek ve başarıya ulaşmak, onlar için daha kolay olur. Başarısızlığın üstesinden gelebilen ve cesaretsizliğe düşmeyen bir insana ait bir hikaye daha anlatmama izin verin.

1490 yılında,İspanya kralı Ferdinand ve Kraliçe Isabella, Kristof Kolomb'un efsanevi Hint Adaları'na yapacağı yolculuğun planını incelemek ve yeni ve daha kısa bir güzergâh bulmak üzere bir kraliyet komitesi görevlendirdi. İspanya'nın o zamanki en ünlü coğrafya bilgininin başkanlığını yaptığı bu önemli komite, Kolomb'un planlarını inceleyerek düşündükleriniKral ve Kraliçe'ye sundu.Dediklerine göre,Kolomb'-un planını gerçekleştirmek imkansızdı. Bunun mümkün olmadığına kesin olarak karar vermişlerdi.

Neyse ki, bu güçlü yenilgi Isabella, Ferdinand ve -daha önemlisi, Kolomb- 'un cesaretini kıramadı. Uzmanların dediklerini göz ardı ettiler ve Nina, Pinta ve Santa Maria yelken açtı. Öykünün devamını biliyorsunuz. Kolomb dünyanın düz değil,yuvarlak olduğunu kanıtladı.Bilinmeyen kıtalar keşfetti ve insanlık tarihinin gidişi temel değişikliklere uğradı.

Tarih, elde edilebileceklerin imkansız olduğuna ikna olmuş uzmanların hikâyeleri ile doludur. Neyse ki pek çok kadın ve erkek, Kolomb gibi yapmış, uzmanları dinlememiş, yenilginin üstesinden gelmiş ve başarıya ulaşmışlardır. Onların yaptığını, siz de yapabilirsiniz.

BAŞARI STRATEJİLERİ İÇİN ALIŞTIRMALAR

1. Karşılaştığınız son başarısızlığı belirleyin ve kendinize şu soruları sorarak, ondan dersler çıkarmayı hedefleyin:
   a. Başarısızlığa uğramamın asıl nedeni neydi?
   b. Gelecek sefer benzer bir durumla karşılaştığımda başarı şansımı artıracak neler yapabilirim?
   c. Başarısızlığımda, kişisel bir zayıflığımın etkisi var mı? Eğer yanıt 'evet' ise, bu zayıflığı ortadan kaldırmak için planım nedir?
   d. Henüz yapmadımsa, 'oyuna tekrar girmek' için ne yapmalıyım?

2. Başarısızlık, genelde beklenmedik fırsatları beraberinde getirir. Geçmişinizdeki başarısızlıkları gözden geçirerek, bunlar sayesinde yakaladığınız fırsatları düşünün. Hemen herkes, bu deneyimi tatmıştır. Bu gözlemlere dayanarak, yakın geçmişteki başarısızlıklar sonucu ortaya çıkabilecek fırsatlar hakkında düşünün. Bu mevcut fırsatları yakalamak için ne(ler) yapabilirsiniz?

3. Tanıdığınız insanlar arasından, başarılı üç tanesini seçin. Herbirinden randevu alıp onlarla görüşün ve hayatları boyunca yakaladıkları fırsatların bazılarını nasıl farkettiklerini anlamaya çalışın. Hatta onlara, şu anda sizin yararlanabileceğiniz bir fırsatı ufukta görüp görmediklerini dahi sorabilirsiniz.

4. Azimleri ve başarısızlıkları yenmeleriyle sizi hayran bırakan insanların biyografilerini okuyun. Başarılı olmak için geliştirdikleri kişisel özellikleri ve alışkanlıkları yazın. Daha sonra, sizin de bu özellikleri yaşamınıza nasıl katabileceğinizi belirleyin.

5. Kendi kişisel ısrarcılık yönteminizi (Harold Sherman'ınkine benzer şekilde) siz de yazın. Bu yöntemi, hergün görebileceğiniz bir yere asın. Bunun neresinde olduğunuzu belirlemek için kendinizi periyodik olarak değerlendirin.

Üçüncü Bölüm

Başarılı insan,

GÖRÜŞ

sahibidir

Göz bozukluğu gördüklerinizi sınırlar, görüş bozukluğu ise yaptıklarınızı.

- Franklin Field

Gözleri görmeyen bir insanın dünyası dokundukları ile, cahilinki bilgisiyle ve değerli insanın dünyası da görüşünün sınırlarıyla çevrilidir.

- E. Paul Hovey

GÖRÜŞÜN DEĞERİ

Kendi nesillerini en güçlü ve en kalıcı biçimde etkilemiş insanlar, "görmeyi başaranlar" olmuştur - diğerlerinden daha çoğunu ve daha uzağı görebilenler.Diğer bir deyişle, bazı şeyleri" olduran" insanlar, görüşü olanlardır. *Webster Sözlüğü*'nde *görüş* (vision) kelimesi şöyle tanımlanmaktadır: "normal görme dışında görüldüğü varsayılan nesne;... gerçekte görünmediği halde birşeyi algılama yeteneği, örneğin zihinsel yetenek, güçlü önsezi... hayal etme gücü veya yetisi kullanarak bunu gerçekleştirme".

> Bazı şeyleri "olduran" insanlar, görüşü olanlardır.

Kelime anlamıyla görüş, fiziksel nesneleri görme yeteneğidir. Bir insanın görüşünün iyi olduğunu söylediğimizde, önündeki nesneleri görebildiğini kastederiz. Eğer görüşü istisnai ise, uzağındaki cisimleri de görebilir.

Kelime anlamından uzaklaşıp, mecazi anlamda kullandığımızda ise görüş, başka bir şey ifade eder. Görüş, önümüzde bulunandan daha fazlasını görebilme yeteneğidir. Bazen buna, "Satır aralarını okuyabilme" yeteneği deriz.Bu da, başkaları tarafından kolayca farkedilmeyen özellikleri görebilmek demektir. Fırsatı görebilmektir.

Görüş aynı zamanda, geleceği gözler önünde canlandırabilme yeteneği için de kullanılır. Bunu mistik anlamda veya kehanet anlamında kasdetmiyorum, ancak hayal edebilme anlamında kastediyorum. Yazar George Barna diyor ki, "Görüş, önümüzdeki günlerde nasıl ve neler olabileceği veya olması gerektiği hakkında zihninizin gözünde canlanan bir resimdir".

Size bir örnek vermeme izin veriniz: Walt Disney, görüş sahibiydi. Hayal gücünün temel taşı olduğu, çocukların çok mutlu olduğu ve aile bireylerinin, yeni dünyalar keşfederken birlikte olabileceği bir yeri zihninde canlandırabiliyordu. Bu görüş gerçekleşti; önce ABD'nin Kaliforniya eyaletindeki Disneyland'da. Daha sonra bu görüş, ABD'de ikinci bir Disney parkına, Japonya'da bir parka ve bir de Fransa'da bir parka uzandı.

Görüşü olmayan bir insan, sadece yaşadığı anı, dokunabildiği nesneleri ve uygun olanı görür. Oysa görüş sahibi bir insanın karşısında bütün bir dünya kendisine açılmış olarak durmaktadır. Bir insanın görüşünü, mesleği belirlemez. Bu kişi kamyon şoförü, bankacı, okul müdürü, memur veya çiftçi olabilir. En fakir adam, tek kuruşu olmayan adam değildir. En fakir olan, görüşü olmayandır.

Katherine Logan diyor ki, "Görüş, sahip olabileceğimiz şeyleri bize önceden haber verir. Bir şey yapmaya bir davetiyedir bu. Zihnimizdeki muazzam bir resimle, bir başarıdan diğerine giderken, etrafımızdeki malzemeleri daha yükseğe, daha iyiye ve daha doyumluya erişmede sadece birer basamak olarak kullanırız. Böylece, görünmez ebedî ve ezelî değerlerin sahibi oluruz".

> Görüş büyüdükçe, verdiği güç de artar.

Görüş,büyük yararlar getirir ve muazzam fırsat kapıları açar. Bir insanın gücünü artırır. Görüş büyüdükçe, verdiği güç de artar. Burada, görüşün değeri hakkında birkaç gözlem sunulmaktadır:

GÖRÜŞ, İŞİ EĞLENCEYE DÖNÜŞTÜRÜR

Başarılar, yaşamı daha zevkli kılar. Çok çalışıp bir iş başarmakla edinilen duygu, benzersizdir.Bu, size o işi başarmış olma keyfini verir. Zevktir. Bu küçük başarılar, daha büyük bir amacın parçaları ise -bir görüşü gerçekleştirmede olduğu gibi- heyecan artar. Her görev, o daha büyük resmin önemli bir yapı taşı haline dönüşür.

GÖRÜŞ, İŞİMİZE DEĞER KATAR

Aynı biçimde, işimiz görüşümüzün gerçekleşmesinin bir bölümü olduğu gibi, her görevin de bir değeri vardır.En sıradan görev bile, daha büyük bir amaca hizmet ettiğini gördüğünüzde size bir tatmin hissi verebilir.

Bir binada tuğla örmekte olan üç ustayla konuşan adamın hikâyesi gibidir bu. Adam ilk ustaya 'Ne yapıyorsun?" diye sormuş. Usta, "Ekmeğimi kazanıyorum" demiş. Aynı soruyu ikinci ustaya yönelttiğinde, "Tuğla örüyorum" yanıtını almış. Sıra üçüncü adama geldiğinde ise, tuğlacı şevkle,

"Katedral inşa ediyorum" demiş. Bu insanların üçü de aynı işi yapmaktaydı. Ancak sadece üçüncüsü, bir görüşle güdülenmişti. Büyük resmi görmesi, işine değer katmaktaydı.

GÖRÜŞ, GELECEĞİNİZİ ÖNCEDEN HABER VERİR

Kendilerini bekleyen gelecek, vizyonu olmayan insanları bir hayli şaşırtabilir.Değişim rüzgârları, onları genelde oraya, buraya savurur. Nereye gidebileceklerini ve orada nelerle karşılaşacaklarını pek kestiremezler. Onlar için hayat kader işidir, ve kendilerininkinin de iyi olmasını umarlar. Görüşünüz olduğunda, geleceğiniz muhtemelen o vizyonun gerçekleşmesi olarak ortaya çıkacaktır. Geleceğinizin garanti altında olmadığı doğrudur. Kimseninki değildir. Ancak başarı şansınızı büyük ölçüde artırmış olursunuz.

Görüşün başarıdaki önemi uzun süredir bilinmektedir. "Görüşün olmadığı yerde insanlar yok olur" sözü, yaklaşık 3000 yıl önce söylenmiş ve İncil'in 29:18 bölümünde yerini almıştır. Süregelen önemine karşılık görüş, günümüzde insanların az miktarda sahip olduğu bir erdemdir.

GÖRÜŞÜN ÖNÜNE GEÇEN ENGELLER

Görüş sahibi olma da, olumlu tutumları sürdürme gibi, kalıtımsal değildir. Fırsatları görebilme ve olumlu bir geleceği gözünüzün önünde canlandırabilme yeteneğiyle doğmuş olmanız gerekmez. Görüş, geliştirilebilir bir özelliktir. Aynı zamanda da, bastırılabilir bir özelliktir. Burada size, görüşünüzü engelleyebilecek, sıkça rastlanan yedi etmen sunulmaktadır:

GEÇMİŞİMİZ, GÖRÜŞÜMÜZÜ SINIRLAYABİLİR

Geçmişimiz, muhtemelen başka herşeyden daha fazla bizi sınırlama gücündedir. Genelde gelecekteki olasılıkları geçmiş başarılara veya başarısızlıklara bakarak gözden geçiririz. Özellikle zorlu, zedeleyici veya başarısız bir geçmişiniz varsa, gelecek hakkındaki görüşlerinizi geliştirmek için daha çok çalışmanız gerekecektir.

Doğada geçmişin sizi nasıl sınırlayabileceği üzerine çok çarpıcı bir örnek, Pireler Sirki'nde görülebilir. Belki bir karnavalda veya sirkte görmüşsünüzdür.Bu küçük yaratıklar inanılmaz sıçrayışlar yaparlar, ancak hiçbir zaman önceden belirlenen bir yüksekliği aşmazlar. Sanki her bir pire, görünmez bir tavanın varlığını bilmektedir. Pirelerin, zıplayışlarını neden sınırladıklarını biliyor musunuz?

Pireler eğitilirken, belli yükseklikte cam bir kubbe altına yerleştirilirler. Bir süre dışarı sıçramaya çalışırlar, ancak cam tavana çarparlar.Defalarca denedikten sonra,sonunda kapatıldıkları alanın dışına çıkmayı denemekten vazgeçerler.Cam alındığında dahi dışarı sıçramaya çalışmazlar, zira geçmişteki deneyimleri onlara dışarı çıkılamıyacağını öğretmiştir. Kendi kendilerine uyguladıkları sınırlamaların kurbanı olurlar.

> Büyük hayaller görmeye hazır olun
> ve sonra sınırlarınızı deneyin.
> Gücünüzü hapsetmeyin.

İnsanlar da böyle olabilir.Başarısız olacağınıza gerçekten inanıyorsanız, görüşünüzü sınırlamış olursunuz. Bunu düşünün. Büyük hayaller görmeye hazır olun ve sonra sınırlarınızı deneyin. Gücünüzü hapsetmeyin.

MEVCUT BASKILAR, GÖRÜŞÜMÜZÜ SINIRLAYABİLİR

Günün birinde, yiyecek almak üzere eşeğini pazara götüren Nasrettin Hoca ile oğlunun bir öyküsü vardır. Hoca eşeğinin üzerinde giderken, oğlu yürüyormuş. Yoldan geçenler: "Aman Yarabbi, gayet sağlıklı adam eşeğin üstünde gidiyor, zavallı çocuk yürüyor" demiş.

Bunun üzerine Hoca oğlunu eşeğe bindirmiş. O zaman etraftakiler: "Ne büyük saygısızlık. Babası yürüyor, oğlu eşeğe biniyor" demişler.

Bunun üzerine ikisi de eşeğin üzerine binmişler. Gelen-geçen de, "ne acımasız insanlar - ikisi birden zavallı eşeğin sırtına binmiş", demişler.

Bunun üzerine ikisi de inip, eşekle beraber yürümeye koyulmuşlar. İnsanlar: "Ne akılsızlık, sapasağlam eşek boş giderken, ikisi de yürüyor" demişler.

Sonunda gün ilerlemiş, Hoca, oğlu ve eşek pazara varmışlar. Onların gelişini görenler şaşırmış: baba-oğul, eşeği sırtlamışlar, taşıyorlarmış!

Nasrettin Hoca gibi, biz de duyduğumuz baskılardan o kadar çok etkilenebiliriz ki, nereye ve neden gitmekte olduğumuzu unutabiliriz.

Çok öemli olmayan işler ve boş konuşmalar bizi o denli meşgul edebilir ki, zihnimizde görüşe yer kalmaz. Bunun, sizin de başınıza gelmesine izin vermeyin.

SORUNLAR, GÖRÜŞÜMÜZÜ SINIRLAYABİLİR

Hayal etme cesaretini gösterin -sorunlara, durum ve koşullara, engellere rağmen.Tarih, sorunlarla karşılaşan, ancak bunları aşmayı başaran büyük insanlarla doludur.

> Hayal etme cesaretini gösterin -sorunlara, durum ve koşullara rağmen.

Örneğin, eski dünyanın büyük hatibi Demosthenes, kekeme idi!İlk kezhalk önünde konuşmaya teşebbüs ettiğinde, kahkahalar arasında kürsüden uzaklaşmak zorunda kalmıştı. Ancak büyük bir hatip olma görüşünü taşıyordu. Deniz kenarında ağzına çakıl taşları koyarak, kıyıya vuran dalgalar eşliğinde konuşma egzersizleri yaptığı söylenir.

Görüşlerinin ardından giden başkaları da var: Jül Sezar, sara hastası olmasına rağmen önce general, sonra da imparator oldu. Napolyon da, mütevazı yetiştirilmiş olmasına rağmen imparator oldu. Bethoven, sağır olmasına rağmen senfoniler bestelediğinde, içinde beslediği görüşü hayata geçirmiş oldu. Bir ayağı aksamasına ve yoksul bir aileden gelmesine rağmen Charles Dickens, Viktorya devri İngiltere'sinin en büyük romancısı oldu; zira yazar olma görüşüne sahipti.

Herkesin sorunları vardır. Bazıları, doğuştan gelen eksikliklerdir. Diğerleri, kendi kendimize yarattığımız problemlerdir. Sizinkiler ne olursa olsun, onların gelecek üzerine oluşturduğunuz görüşleri yok etmesine izin vermeyin.

BAKIŞ AÇISINDAN YOKSUN OLMAK, GÖRÜŞÜMÜZÜ SINIRLAYABİLİR

Görüş söz konusu olduğunda, bakış açısı vazgeçilmezdir. Sonuçta görüş, mevcut durumu görebilmek ve gelecekteki ihtimallerle birlikte bunların, daha büyük bir yaşam çerçevesindeki yerlerini anlayabilmektir.

İngiliz London Times gazetesinin rahmetli sahibi Lord Northcliffe'nin hikâyesini dinlemiştim bir zamanlar. Yaşamının bir süresinde, körlük tehlikesi geçirmişti. Ancak gözlerini inceleyen uzmanlar, bir hastalığı olmadığını söylüyorlardı.

Yaptığı işiöğrendiklerinde,uzak cisimlere bakarak bakış açısını değiştirmesi gerektiği sonucuna vardılar. Gözlerini, ince yazıları okumakla ve onlara yakından bakmakla fazlaca yormuştu.

LordNorthcliffe'e kırlarda zamangeçirmesini,basılı kağıtlardan uzaklaşıp Tanrı'nın yarattığı geniş ufuklara bakmasını salık verdiler.Bu basit tedavi, göz sorununu ortadan kaldırdı.

Bakış açısından yoksun olma, muazzam ölçüde kısıtlayıcıdır. 1800'lerde Birleşik Devletler Patent Dairesi'ndeki bir görevlinin, değeri olan başka hiçbir şey icadedilemeyeceğini sandığı için, dairenin kapatılması gerektiğini söylemiş olduğunu, düşünebiliyor musunuz? 1900'den bu yana sağlanan teknik gelişmeleri düşündüğümüzde, birinin böyle bir tavsiyede bulunmuş olduğuna inanmak, olanaksız geliyor.

Bakış açısı ile ilgili sorunlarınız varsa, her şeyi daha değişik bir bakış açısından görmeye çalışın. Diğer kültürleri inceleyin. Sonra, bir de tek gözünüzü geleceğe dikerek, şimdiki zamana bakın.Frank Gaines'in dediği gibi, "Ancak görünmeyeni görebilen, olanaksızı başarabilir".

MEVCUT DURUMUMUZ, GÖRÜŞÜMÜZÜ SINIRLAYABİLİR

Oliver Wendell Holmes diyor ki, "Bu dünyada önemli olan, ne olduğumuz değil, ne yönde gittiğimizdir". Hiçbirimiz hayata nerede, ne zaman veya nasıl başlayacağımızı seçme şansına sahip değildik. Tamamen kontrolumuz dışında bulunan koşulların içine doğmaktayız. Ancak zaman geçtikçe, daha çok seçeneğe sahip oluyoruz. Nerede yaşadığımızı, kiminle evlendiğimizi, yaptığımız işi belirliyoruz. Yaşamdaki yönümüzü seçiyoruz.Yaşlandıkça hayatımızda daha çok seçim yapmış oluyor ve sonuçlar üzerinde daha büyük sorumluluk taşır hale geliyoruz.

> Hayalleriniz büyük olmalı. Fazla dikkatli davrananlar -kadın veya erkek-, başarıya asla ulaşamazlar.

Pek çok insan böyle düşünmez. Hayattaki mevcut durumun, kaderlerini belirlediğine inanır. Kendilerini durumlarına teslim etmiş ve hiçbir seçenekleri olmadığına inanmışlardır.

Bu tuzağa düşmeyin.Bu belki yüzyıllarca önce doğruydu, ancak artık değil. Yeteri kadar ister ve elde etmek için gereken bedeli öderseniz, hemen her şey mümkündür. Ne kadar sınırlı görünürse görünsün, mevcut durumunuzun görüşünüzü çalmasına izin vermeyin. Hayalleriniz büyük olmalı. Fazla dikkatli davranan insanlar -kadın veya erkek-, başarıya asla ulaşamazlar.

GÖRÜŞÜNÜZÜ GERÇEKLEŞTİRMEK

> Görüşünü gerçekleştiremeyen biri, sadece rüya görür.

Kendinizi ve görüşünüzü geliştirebileceğinizi düşünmek, sadece ilk adımdır. Gerçektendeğerli olablmesi için, görüşünüzün bir başka vasfı daha olmalıdır: bu geleceği gerçekleştirebilme yeteneği. Görüşünü gerçekleştiremeyen biri, sadece rüya görür.

Gerekli olan, görüşünüzü gerçekleştirmek için bir stratejidir.Burada, size yardımcı olacak bazı ipuçları verilmektedir:

GÖRÜŞÜNÜZÜ TANIMLAYIN

Bu kavram o denli basittir ki, neredeyse bahsetmekten utanç duyacağım, ancak görüşünüzün farkında olmak daima onu tanımlamakla başlar. Bazı insanlar için bu gayet kolaydır, zira onlar hayatlarındaki görüşle doğmuş gibidirler.

Diğerleri içinse bu, uzun zaman, düşünme, tefekkür, dua etme, vb. gerektirir.

Eğer başarılı olmak istiyorsanız, hayatınızdaki görüşü tanımlamalısınız. Ve bu görüş size, başkasından gelemez. Eğer gerçekten sizin görüşünüz değilse, onu gerçekleştirmek için gereken itici gücü ve kararlılığı bulamazsınız. Kendi yeteneklerinize, hayallerinize, umutlarınıza ve arzularınıza dayanması gerekir. Görüşler harikadır, diğerleri üzerinde olumlu etkiler bırakırlar; özellikle de bir insanın görüşü ile kaderi -doğuş nedeni- çakıştığında.

Eğer başarılı olmak istiyorsanız, hayatınızdaki görüşü tanımlamalısınız.

ŞU ANKİ YAŞAMINIZI İNCELEYİN

Görüşünüzü hemen gerçekleştiremezsiniz. Bu, yolculuk gibi bir süreç olacaktır. Bir yolculuğa çıkmaya karar verdiğinizde ilk yaptığınız şeylerden biri, başlangıç noktanızı belirlemektir.Bu bilgi olmadan, hedefe giden güzergâhınızı çizmek olanaksızdır.

Şimdiki hayatınızı gözden geçirmenin bir başka yönü de, güzergâhınızı belirlemek ve yolculuk maliyetini hesaplamaktır. Genelde, görüşünüzden ne kadar uzaktaysanız, onu gerçekleştirmek o kadar uzun zaman alacak, bu da size olan maliyeti artıracaktır. Bir görüşe sahip olabilmek, feragat gerektirir. (Hedef belirlemek, dördüncü bölümün konusu olmaktadır).

TEK VE BÜYÜK BİR GÖRÜŞE KARŞILIK, TÜM UFAK SEÇENEKLERİ ELDEN ÇIKARIN

Tüm hayallerin bir bedeli vardır. Görüşünüzü gerçekleştirmek için yapmanız gereken fedakârlıklardan biri, seçenekler konusunda ortaya çıkar. Hem hayalinizi kovalayıp, hem de aynı sırada tüm oasılıkları açık tutamazsınız.

Tüm hayallerin bir bedeli vardır.

Bu, kabullenilmesi özellikle Amerikalılar için güç bir kavramdır. Birleşik Devletler'de yerleşik kültür, seçeneklere büyük değer verir. Tüm serbest pazar sistemi buna dayanır. Seçenekler iyidir, fırsatlar sunarlar, ancak başarılı olmayı arzu eden bir insan için gün gelir, tek bir görüş uğruna pek çok seçenekten vazgeçmesi gerekebilir.

Bu, yol ayrımına gelen bir yolcunun durumu gibidir. Varacağı yere ulaşması için en uygun görünen yolu seçebilir. Veya, tüm seçeneklerini elde tutarak, hiçbir seçimde bulunmaz, sonuçta da hiç ilerleme kaydedemez.

KİŞİSEL BÜYÜMENİZİ, GÖRÜŞÜNÜZE UYDURUN

Görüşünüzün farkında olmanın bir bölümü, oraya varmanız için gereken kişisel büyüme yolculuğudur. Hiçbir değişiklik yapmadan, yaşamdaki şimdiki konumundan bir başka konuma varabileceğini düşünen kişi, yalnızca kendisini kandırır. Bir insanın yaşamındaki olumlu gelişmeler, her zaman kişisel gelişmeyi gerektirir.

Bir insanın yaşamındaki olumlu gelişmeler, her zaman kişisel gelişmeyi gerektirir.

Görüşünüze ulaşmak için kişisel gelişme gereklidir. Sizin en stratejik planınız, gelişmenizi sağlayacak olandır. görüşünüzü gerçekleştirebilmek için nasıl bir gelişme içinde olmanız gerektiğini düşünün. Sonra da arzu ettiğiniz kişi olabilmek için neler öğrenmeniz gerektiğini belirleyin. Bu büyümeyi yaşamak için kitap okuyup, kaset dinleyin.

KENDİNİZİ BAŞARILI İNSANLARLA KARŞI KARŞIYA GETİRİN

Büyüme sürecinizin bir bölümü insanlarla ilgili olmalıdır. Başarılı olmayı öğrenmenin en iyi yollarından biri, başarılı insanlarla birlikte zaman geçirmektir. Onları gözlemleyin. Onlara sorular sorun. Zamanla onlar gibi düşünmeye başlayacaksınız. İngilizce'deki eski bir atasözü doğrudur: Tüyleri aynı renk olan kuşlar, bir araya toplanır.

GÖRÜŞÜNÜZE OLAN İNANCINIZI SIK SIK İFADE EDİN

Görüşünüzün bilincinde olmak, sizi mümkün olduğu kadar dirençli ve güçlü olmaya zorlayacaktır. Hem dayanıklılığı hem de gücü koruyacak bir yöntem, görüşünüze olan inancınızı sürekli tekrarlamaktır. Bunu içinizden kendinize söyleyebileceğiniz gibi, yüksek sesle başkalarına da duyurabilirsiniz. Olumlu ve kendine güvenen bir tutum sergileyin. Şüpheleriniz olduğunda dahi, dikkatinizi kendinize olan güveninizi korumaya verin. Dışa yansıtılan özgüven, kendinize gerçekten güvenmenizi sağlar. Eğer görüşünüze olan güveninizi ve inancınızı kaybederseniz, onu hiçbir zaman gerçekleştiremezsiniz.

GÖRÜŞÜNÜZE İTİRAZLAR BEKLEYİN

Görüşünüz hususunda olumlu kalmanızı gerektiren bir başka neden, itirazlarla karşılaşacağınız gerçeğidir.

Kendilerine ait hiçbir hayali olmayan insanlar, sizinkileri göremezler. Onlara göre görüşünüz, ulaşılmazdır. Size görüşünüzün değersiz olduğunu, değer görebiliyor ve bunun ulaşılabilir olduğunu söylüyor iseler dahi, **sizin ulaşamayacağınızı** da mutlaka söyleyeceklerdir. İtirazlarla karşılaştığınızda şaşırmayın. Onun yerine, hazırlıklı olun. Batmayan, devrilmeyen olumlu bir tutuma sahip olun.

> Kendilerine ait hiçbir hayali olmayan insanlar, sizinkileri göremezler.

OLUMSUZ DÜŞÜNENLERİ YAKIN ARKADAŞINIZ OLMAKTAN ÇIKARIN

Sizi eleştirecek vegörüşünüzden şüphe edecek insanlarla yüz yüze geleceksiniz,ancak bu,onlara güvenmeniz ve onları yakın arkadaşınız gibi görmeniz gerektiği anlamına gelmez. Karşılaştığınız her insana, olumsuz olsalar dahi nezaket ve şevkatle davranın, ancak olumsuz insanları yakın arkadaş edinmeyin. Eğer aksini yaparsanız, onlar şüphe ve olumsuz görüşlerini sizinle paylaştıkça siz de onlara inanmaya başlarsınız. Ve bir kez hayallerinize erişemeyeceğinize inanırsanız, hayallerinize erişmeniz mümkün olmaz.

GÖRÜŞÜNÜZE ERİŞEBİLMEK İÇİN MUHTEMEL HER SOKAĞA GİRİN

Görüşünüzü gerçekleştirme yolunda, sürekli olrak nelerin size bu yolda yardımcı olabileceğini araştırın.Yenilikler denemeye hazır olun.

> Bakışınızı görüşünüze odaklamış biçimde tutun, ancak ona varmak için seçilecek yol konusunda esnek olun.

Yeni fikirler için her yere bakın. Gözlemci olun. Başka bir alanda başarıyla uygulanabilen bir yöntem, sizin çabanıza da yardımcı olabilir. Bakışınızı görüşünüze odaklanmış biçimde tutun, ancak ona varmak için seçilecek yol konusunda esnek olun.Bir görüşün gerçekleştirilebilmesi için yenilikler gerekir, veyeni fikirlere açık olmadığımız takdirde yenilikçi olamayız.

NORMAL BEKLENTİLERİ AŞIN

Buraya kadar bahsettiğim stratejilerin tümü size görüşünüzü gerçekleştirmede yardımcı olabilir, ancak sizden beklenenin ötesine ve üstüne erişmek istemiyorsanız,çok da fazla işe yaramaz. Vasat enerji ve güç harcayarak hiç kimse hayallerine ulaşamaz. Kendini bu işe adamak ve sürekli çaba harcamak gerekir. Başarı için ödemeniz gereken bedellerden biri budur.

> Vasat enerji ve güç harcayarak hiç kimse hayallerine ulaşamaz.

BENZER GÖRÜŞÜ OLANLARA YARDIM EDİN

Görüşünüzü gerçekleştirmeniz için sizden beklenen bir strateji daha bulunmaktadır. Önceleri iyi, ancak gereksiz bir fikir olduğunu düşünebilirsiniz. Ancak kısa sürede gerekli olduğunu farkedeceksiniz. Görüşünüzü ve hayallerinizi gerçekleştirebilmek için, başkalarına yardım etmeniz şarttır.

> Diğer insanlar olmazsa, başarı da olmaz.

Kendi kendinize,"Niye başkalarına yardım için uğraşmam gerekiyor? Bu benim başarıya ulaşmak için harcayabileceğim enerji ve zamanı sarfetmem anlamına gelmez mi?" diye sorabilirsiniz. Yanıt, başkalarına yardım için harcanan zamanın, hiçbir zaman kayıp olmadığıdır. Diğer insanlar olmazsa, başarı da olmaz.

Diğerlerine yardım etmek hem sizin, hem de etrafınızdakilerin yaşam kalitesini yükseltir. Size benzer görüşleri olan diğer insanlara yardım ettiğinizde, aynı zamanda iki yönlü bir kazanç demektir. Hem onlar istediklerini elde eder, hem de genellikle karşılık olarak onlar da size yararlı olmaya çalışırlar. Ayrıca her ikiniz de diğerinden bir şeyler öğrenirsiniz. Herkesin kazançlı olduğu bir durumdur bu. Karşınızdakinin size yardımcı olmadığı durumlarda dahi gücenmeyin. Sadece yolunuza devam edin ve olumlu olmaya, diğerlerine yardıma devam etmeye karar verin.

* * *

Görüş,büyük başarıları mümkün kılacak yaratıcı kıvılcımı sağlar. John Jay Clapman'ın dediği gibi, "Dünya, görmeyi beceren (vizyonu olan) kişileri herkesin üzerinde değerlendirir, ve hep öyle değerlendirmiştir... Bethoven'in senfonileriyle, Adam Smith'in 'Ulusların Zenginliği' ile insan beyninin ortaya koyabildiği ve sizinde onayladığınız herşeyle... onları seversiniz, çünkü dersiniz ki... "Bunlar gerçekleşmiş değil,görülmüş şeylerdir". Bunlar, önce onları gözlerinin önünde canlandırabilen insanlar tarafından, akıllarda ve yüreklerde varolmuşlardır.

> Görüş, böyük başarıları mümkün kılacak yaratıcı kıvılcımı sağlar.

Başarıya ulaşan her insan için,bu böyledir. Olimpiyatlarda altın madalya alan bir atlet sadece atletik yeteneği ile değil,aynı zamanda onu buna erişmeye iten görüş gücüyle onu yakalar. İş dünyasındaki yöneticiler için de bu geçerlidir. Görüş,sizi ileri iten pervanedir.Ve o rüyaya ulaşmak, size başarının pek çok bileşeninin tarifini verecektir. Görüş olmadan, size amaç ve umut verecek, atış yapabileceğiniz bir hedef,

> Görüş olmadan, size amaç ve umut verecek, atış yapabileceğiniz bir hedef, daha büyük bir görev de yoktur.

daha büyük bir görev de yoktur. Douglas Lurtan'ın dediği gibi, "Ne istediğinizi belirlediğinizde, hayatınızın en büyük kararını vermiş olursunuz. Gerçekleştirebilmek için, ne istediğinizi bilmek gerekir". Görüş geliştirdiğinizde, başarmak istediğinizin ne olduğunu görme imkanınız olacaktır. Görüşünüz olduğunda, size iyi zamanlarda da kötü zamanlarda da yolunuza devam etme nedeni verecek itici bir gücünüz bulunacaktır. Bu da sizin, olduğunuzdan daha büyük şeylere ulaşmanızı sağlayacaktır.

Hayalleriniz büyük olsun. Yalnızca hayalleriniz büyük olduğunda, gerçekleştirdikleriniz de büyük olacaktır.

BAŞARI STRATEJİLERİ İÇİN ALIŞTIRMALAR

1. Hayatınızdaki görüşü düşünmek, yansıtmak ve onun için dua etmek üzere bir gününüzü bu konuya ayırın. Tüm dikkat dağıtıcı olaylardan ve kesintilerden uzaklaşmayı planlayın. Bu amaçla kırlara gidebilir, bir otel odasını seçebilir veya yalnız olabileceğiniz bir yere gidebilirsiniz.

   Yanınıza kağıt, kalem, takvim ve varsa kitaplarınızı (din kitabı olabilir) alın. Yalnız kaldığınızda, kendinize aşağıdaki soruları sorun ve cevaplarınızı yazın:

   a. Yeteneklerim ve Tanrı vergisi özelliklerim neler? Tanıdığım herkesten daha iyi, veya herşeyden daha iyi yapabildiklerim nelerdir?

b. Bende tutku haline gelmiş neler var? Kalbimde yerini almış, bana daha çok çalışma azmi ve enerjisi veren birşey var mı? Varsa, nedir?

c. Kişisel geçmişimde, bana özgü olan yön nedir? Beni benzersiz kılan ve bana özel sezgiler, deneyimler ve yetenekler kazandırmış ne gibi hayat tecrübelerim var?Sıradanın dışında neler yapabilirim?

d. Benim yaşadığım zaman ve mekân, ne yönden benzersiz? Görüş, genelde bir insanın yaşamındaki benzersiz koşulları ortaya koyar. Coğrafya, politik rüzgarlar, tarih, ekonomi, kültürel geçmiş ve diğer pek çok etmen, bunda rol alabilir. Sizin fırsatlarınızı etkileyebilecek herşeyi yazın.

e. Benim temasta olduğum, önemli kişiler kimlerdir? Kendileriyle işbirliği yapabileceğiniz diğer insanların becerileri, Allah vergisi yetenekleri ve arzuları size, yalnız başınıza farkedemeyeceğiniz fırsatlar sunabilir.

f. Karşılanmasını gerekli gördüğüm gereksinimler nelerdir? Çoğu kez, bir gereksinimi karşılama arzusu, bir görüş için gereken yakıtı sağlayabilir.

g. Ömrümde kendimi yaparken görmeyi arzu ettiğim en büyük şey nedir?

Bu işlemi yılda bir kez veya istediğiniz sıklıkla tekrarlayın. Muhtemelen yıllar geçtikçe görüşünüzün de değiştiğini göreceksiniz. Eğer bir kaç yıl aynı görüşü korursanız ve bu görüş büyük -gerçekleştirebileceğinizi düşündüğünüzden daha büyük- ise, bakışınızı muhtemelen yaşam boyu geçerli olacak, iyi bir görüşe diktiniz demektir. Gelecek yıllarda da anlayacağınız gibi görüş, ya ufak değişikliklere uğrar, ya da genişler; büyük ölçüde değişmez.

2. Şu andaki iş durumunuzu gözden geçirmek ve onun için daha önce düşünmediğiniz yeni bir görüş bulmak için birkaç saat ayırın. Yukarda, 1. Maddedeki gibi yönlendirmeler kullanabilirsiniz:Yalnız kalabileceğiniz bir yer bulup, gerekli olacak malzemeleri yanınıza alın. Daha sonra aşağıdaki soruları yanıtlayın:

   a. Şu anda kullanmadığım yeteneklerim, doğuştan gelen avantajlarım ve kaynaklarım neler?

   b. İçinde yaşadığım zaman ve mekân, mevcut işimi nasıl etkiliyor?

   c. Bir önceki soruya cevabımın sonucu olarak, hangi fırsatlara sahibim?

   d. Sınırsız kaynaklarım olduğunu ve tüm çabalarımın olumlu sonuç vereceğini bilseydim, işteki hedefim ne olurdu? Unutmayın - hayalleriniz büyük olmalı!

   e. Benzer bir görüşü olan kimi tanıyorum? Ben onlara nasıl yardım edebilirim, ve onlar bana nasıl yardımcı olabilir?

Dördüncü Bölüm

Başarılı insan,

HEDEFLER

belirler

Mutluluğa erişebilmek için, önemli bir hedeften yoksun olmamamız gerektiğinin bilincinde olmalıyız.

-Earl Nightingale

Nereye gittiğini bilen adama herkes yol açar.

- Ralph Waldo Emerson

Bu noktaya ˬeldiğinizde belki bu kitapta sunulan başarı için stratejiler hakkında bir fikir sahibi olmaya başladınız. Başarıya ulaşma kavramının tümü sizinle, nasıl düşündüğünüzle başlar. Olumlu zihinsel tutumla başlar. Bu kavramla yakından ilişkili bir başka kavram da, başarısızlıkların üstesinden gelme azmidir.Bu tutumlar sizi, sırayla etrafınızda bulunan, neredeyse sınırsız olasılıkları ve fırsatları görme yeteneğine götürür.

Zaman içinde, sadece günlük faaliyetlerinizde size güç veren bir görüşe değil, aynı zamanda hayatınızla ilgili daha açıkça belirlenmiş, daha kapsamlı bir görüşe de sahip olacaksınız.

Başarıya ulaşmak için, hedefler belirlemeniz gerekecektir.

Doğru düşünme başarı için sağlam bir zemin oluşturur. Ancak bu, başarı stratejilerinin yalnızca ilk kısmıdır. Bir kez bu temeli oluşturduğunuzda da, onun üzerine inşa etmeye başlayabilirsiniz. Başarıya ulaşmak için, hedefler belirlemeniz gerekecektir.

HEDEFLER: BAŞARININ YAPI TAŞLARI

Buraya kadar,başarı hakkında epey konuşmuş olmamıza rağmen, başarılı olmanın ne demek olduğunu tanımlamadık. On kişiye başarının tanımını sorun, muhtemelen on değişik yanıt alacaksınız. Birine göre belli bir miktar para kazanmaktır. Diğerine göre başarı, kusursuz bir anne veya baba olmak demektir. Bir diğeri, mesleğinde güçlü olursa başarılı olacağını söyler. Başarılı insan için yapılmış şu kinayeli tanıma bir bakınız:

> Pratik insan, istediğini elde etmeyi bilendir;
> Filozof, insanların ne istemesi gerektiğini bilendir; ve
> Başarılı insan, istemesi gerekeni elde etmeyi bilendir.

Başarı, önceden belirlenen bir hedefin aşamalar halinde gerçekleşmesidir.

Başarı için yapılmış ve benim şimdiye kadar duyduğum en iyi tanım şudur: *Başarı, önceden belirlenen bir hedefin aşamalar halinde gerçekleşmesidir.* Bu tanım, hayattaki amacı her ne olursa olsun herhangi bir insan için uygun görülebilir. Kişisel değerlerinize ve görüşünüze göre başarıyı istediğiniz kalıba sokabilmeye olanak tanır.Aynı zamanda, hedeflerin gerçekten ne kadar önemli olduğunu anlayabilirsiniz. Belirlenmiş hedefler olmaksızın, başarı ulaşılmazdır, zira başarı gerçekte bu hedeflere ulaşmaktır. Hedefler sadece arzulanan sonuçları tanıtmakla kalmaz. Tüm yol boyu yardımcı olur. Hedefler, başarıya giden yoldaki ölçülebilir kilometre taşlarıdır. Değerleri büyüktür:

HEDEFLER BİZİ GÜDÜLENDİRİR

Hedefler belirlemek, iki türlü işe yarar:siz onlar üzerinde çalışırken, onlar da sizin üzerinizde çalışırlar. Size atış yapabileceğiniz somut bir hedef tahtası verirler. Onlar üzerinde çalıştıkça, onları başardıkça, başarı hissi duyarsınız. Pek çok kişi için, hedef belirleyerek ona ulaşmaya çabalamak, bir oyun haline gelebilir. Zaman geçip siz hedeflerinize ulaşmaya devam ettikçe, çalışma tarzınız ve düşünme yönteminiz değişmeye başlar.

Hedef belirlemek ve bunları ulaşılabilir hedefler olarak belirlemek çok önemlidir.Hedefiniz belirli -ölçülebilir- değilse bu, sizin hevesinizi azaltır. Neden? Çünkü o adımı tamamlamak, size güç verir. Eğer ilerlemenizi belirli hedeflerle ölçemezseniz, moraliniz bozulur ve pes edersiniz.

Size yaşanmış bir örnekle ilerlemesini ölçemeyen bir insana neler olduğunu göstermeye çalışayım:

Kaliforniya sahilleri,4 Temmuz1952günü sisle tamamen kaplanmıştı. 21 mil batıdaki Catalina adası sahillerinde 34 yaşında bir kadın, Pasifik Okyanusu'na dalarak, Kaliforniya'-ya doğru yüzmeye başladı. Eğer başarılı olursa, bunu yapan ilk kadın olacaktı. Adı Florence Chadwick olan bu yüzücü, Manş Denizini her iki yönde geçen ilk kadındı.

O sabah su, vücudu uyuşturacak kadar soğuktu ve sis o kadar yoğundu ki, beraberindeki tekneleri güçlükle seçebiliyordu.Saatler ilerliyor vemilyonlarca insan televizyonlarındn onu izliyordu. Birkaç kez köpekbalıkları ona yaklaşmaya çalıştı, ancak tüfeklerle uzaklaştırıldı. Yüzmeye devam etti. Bu yüzüşlerde en büyük sorunu hep yorgunluk yerine, suyun dondurucu soğuğu olmuştu.

On beş saatten uzuncabir süre sonra,soğuktan yorulmuş ve uyuşmuş bir halde, devam edemeyeceğini anlayarak, kendisini sudan çıkarmalarını istedi. Yakındaki bir teknede bulunan annesi ile antrenörü, karaya yaklaştıklarını belirterek, yüzmeye devam etmesini söylediler. Ama Kaliforniya sahillerine doğru baktığında tek görebildiği, yoğun sis tabakasıydı.

Birkaç dakika sonra -on beşinci saat, elli beşinci dakikada- sudan çıkarıldı. Saatler sonra vücudu ısınmaya başladığında, başarısızlığı algılamaya başladı. Bir gazeteciye bulanık bir şekilde, "Bakın kendimi mazur göstermeye çalışmıyorum. Ama karayı görebilseydim, başarabilirdim" diyordu.

Onu çıkardıklarında, Kaliforniya kıyısından **sadece yarım mil uzaklıktaydı!** Daha sonra, vazgeçmesinin nedeninin ne yorgunluk ne de soğuk olduğunu, sis yüzünden karayı görememek olduğunu söyledi.

Florence Chadwick sadece bu olayda pes etti.İki ay sonra aynıkanalı başarıyla geçti.Catalina kanalını ilkgeçen kadın olmakla da kalmadı, erkekler rekorunu da iki saat kısalttı!

Florence Chadwick büyük bir yüzücüydü, ama yine de başarabileceği bir şeyi başarabilmek için kendisini güdüleyecek, gözle görülür bir hedefe ihtiyaç duymuştu.

HEDEFLER, BİZE AMAÇ SAĞLAR

Kendi hayatlarından ve etraflarındaki dünyadan hoşnut olmayan insanlarla hergün karşılaşırız. Kendi dünyalarıyla tatmin olmayan 100 kişiden 98 inin nasıl bir dünya istedikleri hakkında zihinlerinde oluşmuş net bir resim olmadığını biliyor muydunuz! Daha iyi bir hayat için hedefleri yoktur. Onlara itici güç sağlayan amaçları yoktur. Sonuçta, değiştirmek için hiç çaba sarfetmedikleri bir dünyada yaşamayı sürdürürler.

Bir keresinde emeklilik hakkında konuşma yapan bir tıp doktorunu dinlemiştim. Kendisi 100 yaşın üzerindeki insanların ortak özellikleri üzerinde geniş araştırmalar yapmıştı. Dinleyicilere, uzun yaşayan insanların ortak ne gibi yanları olabileceği hakkında düşünmelerini söyledi.Dinleyicilerin çoğu onun gıda, egzersiz, ölçülü sigara ve içki içme ve bedeni etkileyebilecek diğer faaliyetler üzerinde duracağını sanmıştı. Ancak doktor dinleyicilere gıda ve egzersiz alışkanlıkları konusunda varsa bile çok az ortak yön bulunduğunu söyleyerek onları şaşırttı. **100 yaşını geçmiş kişilerde bulduğu en yaygın özellik, onların geleceğe bakışı idi: Hepsinin hedefleri vardı.**

Hedef belirlemek sizin 100 yaşına kadar yaşamanızı sağlayamayabilir, ancak bu hususta başarılı olmanız olasılığını büyük ölçüde artırır. Amaç bilinci olmadan, muhtemelen hayatta hiçbir yere varamazsınız. Ticari girişimci J.C.Penney'in dediği gibi, "Bana hedefi olan bir stok görevlisi gösterin, ben de onu size tarih yazan bir adam olarak vereyim. Hedefi olmayan bir adam gösterin, ben de onu size bir stok görevlisi olarak iade edeyim".

HEDEFLER, YAPILAN İŞE DEĞER KATAR

İnsanların işlerini nsılele aldıklrı,hedeflerini nasıl gördüklerine büyük ölçüde bağlıdır. Önemsiz olduğuna inandıkları hedefleri varsa, ona ulaşmak için yaptıkları iş, az değer taşır.

Hedefler değer görünürse, tersi geçerli olur. Hedeflerinizi görüşünüze dayandırmanızın önemli olmasının bir nedeni budur. Hedefleriniz değer verdiğiniz bir görüşe katkıda bulunduğunda, o hedeflere ulaştıran iş, sizin için değerli olur.

> İnsanların işlerini nasıl ele aldıkları, hedeflerini nasıl gördüklerine büyük ölçüde bağlıdır.

HEDEFLER, ÖNCELİKLERİMİZİ KORUR

> Hedef saptama, günlük ölçekte önceliklerimizi belirlememize yardımcı olur.

Hedef saptamanın en büyük yararlarından biri, günlük ölçekte öncelikleri̇mizi belirlememize yardımcı olmasıdır.Onlar bulunmadığında, görüşümüze katkıda bulunmayan işlere yakalanmamız kolaylaşır. En önemli şeyin ne olduğunu unutan, mevcut durumun kölesi olur. Veya birinin bir zamanlar dediği gibi,"Bilgelik, neyi ihmal etmek gerektiğini bilmektir".

HEDEFLER, GÜCÜMÜZÜ KANALİZE EDER VE ARTIRIR

Yıllar önce gazetelerde,300 balinanın birden öldüğü haberi başlık olmuştu.Balinalar sardalye balıklarınınpeşine düşmüş ve kendilerini bir koya hapsetmişlerdi. FrederickBrown Harris dedi ki,"Küçük balıklar, denizin devlerini ölüme sürükledi. Geniş güçlerini önemsiz hedefler uğrunda harcayıp, küçük kuyrukları izleyerek, vahşi sonlarına teslim oldular".

> Potansiyelineze ulaşmak için, gözünüzü dayanıklılığa ve yüksek getirisi olan alanlara dikmiş olarak durmanız gerekir.

Hedefi olmayan insanlar, öyküdeki balinalara benzer. Büyük güçleri ve potansiyelleri bulunduğu halde, enerjilerini asıl sapmaları gerekenin dışında şeylerle tüketirler. Potansiyelinize ulaşma sırası geldiğinde, gözünüzü dayanıklılığa ve yüksek getirisi olan alanlara dikmiş olaraak durmanız gerekir. Hedefler, gözünüzü kaçırmamanızı sağlar. Ayrıca dayanıklılık hususunda çalışmaya devam ettiğinizde bu size, mukavemetinizi daha da geliştirmenizde yardımcı olur. Sonunda hedeflerinize ulaşmaklaelde ettiğiniz,onlara ulaşma yolunda sizin yaşadığınız değişimin yanında önemsiz kalır.

Hedeflerinize ulaşmakla elde ettiğiniz, onlara ulaşma yolunda sizin yaşadığınız değişimin yanında önemsiz kalır.

HEDEFLER BİZE, ŞİMDİKİ ZAMANDA YAŞAMA GÜCÜ VERİR

Başarılı insanlar, içinde bulundukları zamanı yaşar ve o zamanda çalışırlar. Onların, hedeflerine ulaşmak için gereken gücü buldukları yer orasıdır. Hilaire Belloc'un dediği gibi, "Siz gelecek hakkında hayaller kurar ve geçmişteki hatalara üzülürken, aslında sahibi olduğunuz tek şey; şimdiki zaman, avuçlarınızdan kayar, gider".

Başarılı insanlar, içinde bulundukları zamanı yaşar ve o zamanda çalışırlar.

Hedefler ileriye -gelecekte ulaşılacak başarılara- yönelik olduğu halde, onlar bizim içinde bulunduğumuz zamanı yaşamamızı sağlar. Nasıl? Büyük işleri, ufak parçalar veya basamaklar halinde görmemizi sağlayarak. Herhangi bir görüşü gerçekleştirmek üzere yapılan çalışmalar, bir dizi hedef belirlemeyi ve bunlara ulaşmayı gerektirir.Her hedefe ulaşma, daha ufak hedefler veya basamakların geride bırakılmasıyla gerçekleşir.

Öyleyse şu an elinizde bulunan göreve konsantre olur ve sarfettiğiniz gücün görüşünüzü gerçekleştirecek hedeflere ulaştığını bilirseniz, başarılı olabilirsiniz.

HEDEFLER, İLETİŞİMLERİMİZDE YARDIMCI OLUR

Hedeflerin getirdiği dikkat toplama, bize iletişimde de yardımcı olur. Şimdiye kadar tanıştığınız en başarılı iletişimcileri düşünün. Bir ortak özellikleri, karmaşık fikirleri yalın hale koyabilmeleridir. Başka bir deyişle, fikirleri bir yönde odaklanacak biçimde organize edebilmeleridir. Sonuçta biz de kendilerini daha iyi anlayabiliriz.

Hedefler, gelecek için besledİğimiz fikirleri düzenler.

Hedef belirleme, bizim için de benzer bir amaca hizmet eder. Hedefler, gelecek için beslediğimiz fikirleri düzenler. Bu fikirler organize olduğu ve bir noktada toplandığı için de, onları başkalarına daha iyi ifade edebiliriz.

HEDEFLER, BİR KURUM İÇİNDEKİ İSTEKLİLİĞİ CANLANDIRIR

Mücadele içindeki organizasyonlarda gördüğüm ortak özelliklerden biri, çalışanlar arasındaki şevk eksikliğidir. Pek çoğu, işinin gerektirdiği hareketler sırasında ellerindeki sıradan işi yerine getirmekten başka belirli bir amacı yokmuş gibi görünür. Şevkten yoksun insanların, vasat insanlardan daha üstün olduğu pek söylenemez.

Diğer yandan, bir kurum içindeki insanlar bazı hedeflere sahiplerse, bu onların moralini yükseltir ve onlara şevk verir. Hedefler, başarılması gereken somut bir şey sağlar. Ekibe bir atış tahtası gösterir. Her insanın görevi hakkında bir neden belirler.

HEDEFLER, İLERLEMEYİ ÖLÇMEDE BİZE YARDIMCI OLUR

Başarısız insanlarla ilgili ortak bir sorun, ilerlemelerini değerlendirmemeleridir. Pek çoğu ya kendi kendini değerlendirmenin önemli olduğunun farkında değildir, veya ilerlemelerini ölçecek bir yolları yoktur.

Hedefler, değerlendirme yapabilmek için önemli bir gereçtir.Hedefleriniz belirli ve ulaşılabilir olduğunda, mevcut ilerlemenizi hedeflerinize ne kadar yaklaştığınıza bağlı olarak ölçbilirsiniz.Bu da sizi,son icadı üzerinde bir yıl çalıştıktan sonra bir mucidin düştüğü duruma uğramaktan korur. Yüzlerce tekerleği, dişlisi, çarkı, makarası, kayışı ve lâmbası olan ve bir düğmeye basışla bunların tümünün hareket ettiği veya yanıp söndüğü bir aygıt. Biri, "Bu ne işe yarar?" diye sorduğunda mucit, "Bir işe yaramıyor -ama ne de güzel çalışıyor, değil mi?" diye yanıtlamış.

> Hedefler, ilerlemenizi değerlendirebilmek için önemli bir gereçtir.

HEDEFLER BİZİ, GELECEĞE YÖNELİK PLANLAR YAPMAYA ZORLAR

> Planlamasını önceden yapmayan bir insan, hiçbir zaman öne geçemez.

Başarılı insanlar tepkisel olmayan, tersine, her zaman karşısındakinden önce hareket edenlerdir. Planlarını önceden yaparlar. Başkalarının onlara neler yapacaklarını dikte etmelerine mahal vermezler. Başkalarının onların ajandalarını doldurmasına izin vermezler. Planlamasını önceden yapmayan bir insan, hiçbir zaman öne geçemez. Bir örnek olarak, Nuh Peygamber'e bakalım. Gemisini inşa etmeye başlamak için yağmurun başlamasını beklememişti.

Hedefler, geleceği planlamamıza yardımcı olur. Bizi, erişmek istediğimiz herhangi bir şeyi, üzerinde çalışılabilecek ufak parçalara ayırmamıza zorlar.Başarıya giden bir yol haritası çıkarmak istediğinizde, hedefler belirleyin. 18.yüzyıl mucidi ve devlet adamı Benjamin Franklin'in otobiyografisinde dediği gibi, "Vasat yetenekleri olan bir insanın, eğer önce iyi bir plan oluşturursa, insanlık için büyük değişiklikler yapabileceğine ve büyük işler başarabileceğine her zaman inanmışımdır".

Başarıya giden bir yol haritası çıkarmak istediğinizde, hedefler belirleyin.

HEDEFLER, FAALİYETTEN ÇOK SONUCA ÖNEM VERMEMİZİ SAĞLAR

Başarısız insanlar genelde faaliyetlesonucu karıştırır. Bir sürü etkinliğin -özellikle de zor işlerin- başarı getireceğine inanır. Ancak tek başına faaliyet, başarıyı garantilemez. Her zaman yararlı değildir.Yarar sağlaması için, olumlu bir sonuca yönelik olması gerekir. Başka bir deyişle, başarımızı **faaliyetimizle** değil, **sonuçlarımızla** ölçmek gerekir.

Başarıyı harekete değil, sonuçlara bakarak değerlendirin.

Bu kavramın anlaşılmasını sağlayacak, karşılaştığım en iyi örneklerden biri, büyük Fransız doğa bilimcisi Jean-Henri Fabre'ın yaptığı bir çalışmayla ortaya çıkmıştı. Kendisi grup halinde hareket eden, ağaçlar arasından uzun gruplarla geçen, birinin önde gidip diğerlerinin onu izlediği tırtılları incelemişti. Fabre bu tırtıllardan bir kısmını büyük bir saksının kenarına, her birinin önündekine değmesini ve bu sayede tam bir halka oluşturmalarını sağlayacak şekilde yerleştirmiş, ve ne başı ne de sonu olan bu halka,dönmeye başlamıştı.Yakında bir yere, onlar için yem de koydu. Ancak bu besine ulaşabilmek için, sırayı bozmaları ve birbirlerini takip etmekten vazgeçmeleri gerekiyordu.

Bir zaman sonra faydasız yürüyüşlerinden yorulup yeme doğru gitmelerini bekledi. Ama öyle olmadı. Alışkanlığın verdiği güçle, saksı kenarındaki yürüyüşlerini - döne döne, aynı amansız tempoyu koruyarak, yedi gün ve yedi gece boyunca sürdürdüler. Onlara kalsa, açlıktan ölene dek de sürdürürlerdi.

Bu birbirini izleyerek ilerleyen tırtıllar, içgüdü, alışkanlık, adet, gelenek, örnek, geçmiş tecrübe, standard uygulama, ne derseniz deyin, onu uyguluyorlardı. Çok çalışıyor, ancak bir yere varamıyorlardı. Pek çok başarısız insan da böyledir. Meşgul olmayı başarma ile, hareket halinde olmayı da erişme ile karıştırırlar.

> Hedefler belirleyerek ilerlemenizi periyodik olarak ölçtüğünüzde, dikkatiniz doğal olarak hareketten sonuca doğru kayacaktır.

Bunun olmasını engellemede bize, hedefler yardımcıolur.Hedefler belirleyerek ilerlemenizi periyodikolarak ölçtüğünüzde,dikkatiniz doğal olarak hareketten sonuca doğru kayacaktır. Artık gününüzü yalnızca etkinliklerle doldurmak, geçerliliğini yitirmektedir. Onun yerine, hedeflerinize ulaşmak için yeteri kadar üretmek, başarının ölçüsü olmaktadır.Hedeflerinize eriştikçe, bunun için ne gerektiğini öğrenmeye başlarsınız. Genellikle, daha az zamanda değeri olan dahaçok şey başarabildiğinizi farkedersiniz. Karşılığında bu da genelde, sizi daha büyük hedefler saptamaya ve daha büyük hayaller kurmaya yöneltir.

Hem etkinliğiniz artar, hem de kendiniz ve diğerleri için sahip olduğunuz görüş büyür.

HEDEF BELİRLEMEYE BAŞLAMANIN YOLU

Etkili olabilmesi için, hedef belirleme bir defalık bir faaliyet olmamalıdır. Kimse hedefler belirleyip, onlara erişince emekli olmaz. Hedefler belirlenmeli, planlanmalı, üzerinde faaliyete geçilmeli ve sürekli değerlendirilmelidir. Koşullar, bazı alanlarda esnek olmanızı gerektirecektir. Siz değiştikçe, hedefleriniz de değişir. Hedeflerinizi gerçekleştirme yolunda giderken sizde meydana gelecek değişikliklerin,sadece önceden belirlenen hedefe ulaşmaktan daha da önemli olduğunu hatırlayın.

> Hedef belirleme, yaşamın bir parçası haline gelmelidir.

Hedef belirleme, yaşamın bir parçası haline gelmeli.Ancak hedefe yönelik bir insan olabilmek için herkesin yolun bir noktasından işe başlaması gerekir. Pek çokkişi bu özelliği taşıyarak dünyaya gelmez. Hedef belirlemeye başlamak için atabileceğiniz altı adım şunlardır:

İLK ADIM: GÖRÜŞÜNÜZÜ VE BAŞLAMA NOKTANIZI TANIMLAYIN

> Pusulanın beşinci yönünü -şu anda nerede olduğunuzu kestiremiyorsanız, harita ve pusula hiçbir işe yaramaz!

Görüş,üçüncü bölümün konusuydu.O bölümün sonundaki alıştırmaları yerine getirdinizse, muhtemelen görüşünüzü belirlemiş ve başlama noktanız hakkında bir fikir sahibi olmuşsunuz demektir. Bunların her ikisini bilmek, başarınız için çok önemlidir.

Görüşünüz olmadan, nereye gitmekte olduğunuzu bilmezsiniz. Ve başlama noktanızı bilmeden, yönünüzü çizemezsiniz. Sonuçta, bir haritaya ve bir pusulaya sahip olarak da ümitsizce kaybolmak mümkündür. Pusulanın beşinci yönünü -şu anda nerede olduğunuzu kestiremiyorsanız, harita ve pusula hiçbir işe yaramaz!

İKİNCİ ADIM: AMACINIZI ANLATAN AÇIK BİR İFADE GELİŞTİRİN

Amaç ifade etme kavramına herhalde aşina olmalısınız. Etkili kuruluşlar -iş kurumları, eğitim kurumları, dinî kuruluşlar, vb.- tüm yaptıkları işlerde, insanlara duru yönlendirmeler verebilmek için bunu kullanır. *Organizasyonda Yükselmek* (Up the Organization) kitabında Bob Townsend'in dediği gibi, "Organizasyonun, hedefleri üzerinde konsantre olabilmesini sağlamak, bir liderin yapması gereken en önemli şeylerden biridir". Sizin de, duru yönlendirmeler verecek ve size amaçlarınız üzerinde odaklaşmanızı sağlayacak bir şeye gereksiniminiz bulunmaktadır. Bunu siz sağlamazsanız, başkası sizin için temin etmeyecektir.

> Dikkatinizi korumada kendinize yardım etmenin en iyi yolu, açık bir ifade kullanarak, yaşam amacınızı belirten bir cümle veya cümleler yazmaktır. Sonuçta herkes, varlık nedenini keşfetmek ve bunu yaşamak arzusunda değil midir?

Dikkatinizi korumada kendinize yardımetmenin en iyi yolu, açık bir ifade kullanarak, yaşam amacınızı belirten bir cümle veya cümleler yazmaktır. Sonuçta herkes, varlık nedenini keşfetmek ve bunu yaşamak arzusunda değil midir? Bunu telaffuz ettiğinizde, dikkatinizin dağılmaması ve etkili olmanız sağlanacaktır. Amacınızı belirten ifadeyi görüşünüze ve kişisel kanaatlerinize dayanarak geliştiriniz. Hedeflerinizi daha belirli ve etkin hale getirmenizde size yardımcı olacaktır.

ÜÇÜNCÜ ADIM: AMACI, ANIMSANABİLİR HEDEFLERE DÖNÜŞTÜRÜN

Gelecek için bir görüş ve size yol gösterecek amaç cümlenizle donatılmış olduğunuzda, hem kısa hem de uzun vadeli hedefler saptamaya hazırsınız. Hedefler performansla (bir üründen 100 birim satma hedefi gibi), veya süreyle (gelecek yıl her gün bir saat ve her hafta üç gün egzersiz yapmak gibi) tanımlanabilir. Ulaşmak istediğiniz şeye göre hedefleriniz, yaşamınızın herhangi bir alanında olabilir. Aşağıda size, hedef belirlemek isteyebileceğiniz alanlardan örnekler verilmiştir:

Kişisel Gelişim,
Fiziksel Gelişim,
Ruhsal Gelişim,
Profesyonel Başarı,
İlişkiler,
Ailevî Hususlar, ve
Malî Durum.

Siz de aklınıza ilk gelen hedefle başlayın. Başlangıçta hedeflerin canlı olup olmadığı hakkında hüküm vermeyin. Kısa veya uzun vadeli olmalarına aldırmayın. Bu noktada yaratıcı olmanız ve büyük düşünmeniz gerekmektedir.

Aklınıza gelen herşeyi yazdığınızda, hedeflerinizi amaç cümlenizle kıyaslayın. İki soru sorun:

1. **Hedeflerin her biri, beni görüşüme yaklaştırıyor mu?** Hedeflerinize baktığınızda, amaç cümlenizle ve gelecek için belirlediğiniz görüşünüzle uyumlu olmayan bir şey görürseniz, iki seçeneğiniz var. (a) Karalayıp unutursunuz, veya (b) amaç cümlenizi yeniden gözden geçirip, bunu da dahil edersiniz. Bu iki yoldan birini uygulamanız gerekir. Eğer görüşünüze uygun olan hedefler belirlemezseniz, görüşünüzü gerçekleştiremez ve başarılı olamazsınız.

2. **Görüşümü gerçekleştirmek üzere başarmam gereken iki ile beş adet arasında temel hedef yazdım mı?** Bu soru,yazdığınız hedeflerin yeteri kadar kapsamlı olup olmadığını belirlemede yardımcı olacaktır. Eğer görüşünüzün bazı ek hedeflerin daha peşine düşmenizi gerektirdiğini görürseniz, bu hedef-leri yazınız.

Hedeflerinizin bazılarını belirlediğinizde, başarınız için bir strateji inşa etmeye başlayabilirsiniz.

Hedeflerinizi, bir piramid oluşturmaya benzetebilirsiniz. Bu piramidin tepesinde,amaç cümleniz bulunmaktadır.Belirlediğiniz her hedef, ve bu hedeflere varmak için tüm yaptıklarınız, amaç cümlenize yönelik olmalıdır.

Belirlediğiniz her hedef, ve bu hedeflere varmak için tüm yaptıklarınız, amaç cümlenize yönelik olmalıdır

Piramidin kendisi, beş bölümden oluşur. En üst bölüm en küçük ve en odaklanmış bölümdür. Bu sizin, hayat boyu hedeflerinizi içerir. Alttaki bölümlerden her biri, bir üstteki bölüme ait daha büyük hedeflere erişilmesi için gereken daha küçük hedefleri kapsar. Bu beş bölüme genel bir bakış şöyle olmaktadır:

Hayat Boyu Sürecek Hedefler: Bunlar, yaşam boyu erişmeyi umduğunuz iki ile beş adet arasındaki hedeftir. Eğer bunlara ulaşabilir veya çok yaklaşabilirseniz, yaşam nedeniniz olduğuna inandığınız şeyi elinizden geldiği kadar yerine getirmiş olacaksınız.

. **Uzun Vadeli Hedefler:** Bunlar, yaşam boyu hedeflerinizin her birine varmanızda size yardımcı olmaları için belirlediğiniz hedeflerdir.Bunlar genelde onyıllık bir sürede gerçekleştirebilmeyi umduğunuz şeylerdir. On yıldan daha uzun sürede gerçekleşebilecek hedefler belirlemek mümkün olsa da, böyle durumlarda zamanın pek verimli kullanıldığı söylenemez. Hedefler ne kadar uzakta ve ne kadar az spesifik ise, o kadar değiştirilmeye yatkın olur. Ancak uzun vadeli hedefler belirlemek önemlidir. Uzun vadeli hedefler olmadığında, kısa vadeli asap bozukluklarına veya hayal kırıklıklarına uğramanız daha muhtemeldir.

> Uzun vadeli hedefler olmadığında, kısa vadeli asap bozukluklarına veya hayal kırıklıklarına uğramanız daha muhtemeldir.

.**Orta Vadeli Hedefler:**Bu hedefler,uzun vadeli hedeflerinize ulaşmada size yardımcı olmaları için belirlediğiniz hedeflerdir. Genelde bunlar, beş ile on yıl içinde gerçekleştirmeyi arzuladığınız şeylerdir.

.**Kısa Vadeli Hedefler:**Bu hedefler,kısa vadeli hedeflerinizin her birine erişmede size yardımcı olmaları için belirlediğiniz hedeflerdir. Gerçekleştirmeleri bir ile beş yıllık bir süre alır.

. **Düzenli Faaliyetler:** Bunlar günlük, haftalık ve aylık olarak kısa vadeli hedeflerinize ulaşabilmek amacıyla yerine getireceğiniz görevlerdir. Bunlar, zamanınızı nasıl kullandığınıza büyük ölçüde bağlıdır (bir sonraki bölümün konusu).

DÖRDÜNCÜ ADIM: HAREKETE GEÇME

Amacınızı belirleyebilir ve yaşamınızın her devresi için büyük özenle hedefler saptayabilirsiniz; ancak daha sonra harekete geçmezseniz, hiçbir şey başaramazsınız. Harekete geçmezseniz, dinlediğim şu öyküdeki adama benzersiniz: Hep Çin'i ziyaret etmek isteyen bir adam varmış.Bir seyahat planlamış. Aylarca Çin - sanatı, tarihi, felsefesi ve kültürü- hakkında ne bulduysa okumuş. Tüm bölgelerinin haritalarını incelemiş. Uçak rezervasyonlarını yapmış, daha sonra detaylı bir güzergâh saptamış. Görmek istediği her yeri, seyahatinin her saatini dolduracak biçimde işaretlemiş.

Amacınızı belirliyebilir ve yaşamınızı her devresi için büyük özenle hedefler saptayabilirsiniz; ancak daha sonra harekete geçmezseniz, hiçbir şey başaramazsınız.

Bu seyahati ne kadar çok istediğini bilen bir yakın arkadaşı, dönüş gününden birkaç gün sonra onu ziyarete gidip, sormuş: "Çin nasıldı?"

Adam yanıtlamış: "İyidir herhalde. Ben gitmedim".

"Nasıl!" demiş arkadaşı,"Ama planlamak için bir sürü zaman harcadın. Ne oldu?"

"Doğrusu seyahat planı yapmayı çok seviyorum, ancak havaalanına gitmeye dayanamıyorum, o nedenle evde oturdum".

Başarıları tasarlamak ve planlamak, bu başarılara ulaşmanın vereceği tatmin hissinin yerini hiçbir zaman tutamaz. Harekete geçmeyen planlamacı, sadece düş gezgini olabilir.

BEŞİNCİ ADIM: PLANLARINIZI PERİYODİK OLARAK GÖZDEN GEÇİRİN

İlerlemenizi periyodik olarak gözden geçirmek, harekete geçmek kadar önemlidir. Bazen, ilerledikçe belirlemiş olduğunuz kısa vadeli hedeflerin sizi uzun vadeli hedeflerinize yaklaştırmadığını farkedersiniz. Ya da hedeflerinizi yeterince gerçekçi seçmediğinizi keşfedersiniz. Veya uzun menzilli hedeflerinizden birinin vizyonunuza ve yaşam amacınıza katkıda bulunmadığına karar verirsiniz. Koşullar ne olursa olsun, ayarlamalar yapmanız gerekecektir. Hedef belirleme sizin için ne kadar yeniyse, yanlış hesaplar yapmanız o kadar olasıdır. Ve hedeflerinizi yeniden değerlendirmeniz ve ayarlamanız da.

Hedeflerle çalışmaya alışkın olmayan insanların bazen karşılaştığı bir başka sorun da, yolun dışına çıkmaktır. Hedef belirler ve bunlara erişmek için neler yapmaları gerektiğini yazarlar, sonra bu kılavuzu takibetmeyi unuturlar. Bu sorunla başa çıkmanın bir yolu, büronuza şu cümleyi asmaktır:"Şu anda yapmakta olduğum, beni hedefime yaklaştırıyor mu?"

ALTINCI ADIM: BAŞARILARINIZI KUTLAYIN

Son olarak, başarılarınızı kutlamaya zaman ayırın. Ben, ödüllendirme sistemine her zaman inanmışımdır. Niyet ettiğim bir işi başardığımda, kendime bir ödül veririm. Ufak başarıysa-ufak ödül. Büyük başarıysa-büyük ödül. Örneğin, tamamlanması birkaç saatimi alacak bir işim varsa, kendime bitirince kısa bir mola vereceğimi, yiyecek bir şeyler alacağımı veya bir maç seyredeceğimi söylerim.Niyetlendiğimi yapmadan kendimi ödüllendirmeme ise, asla izin vermem. Önemli bir kilometre taşını geride bıraktığımda,kutlamayı da unutulmaz yaparım.

BİR MİLYON DOLARLIK KİŞİSEL BAŞARI PLANI

Hedeflerin gücünü asla küçümsemeyiniz. Hedef tayin etme ve onlara ulaşma alışkanlığını bir kez edindiğinizde, bu sizin için vasat başarılar ile, mümkün olduğunu düşündüğünüzün ötesindeki başarılar arasındaki fark anlamına gelecektir. Planlamanın her zaman düşüncenizin bir parçası olduğu bir zihinsel tutum geliştirmek, bazı insanlar için çok çalışmayı gerektirir. Benim, Bir Milyon Dolarlık Kişisel Başarı Planı olarak adlandırdığım, şöyle birşeydir. Beş bölümden oluşur; bunlar sizin plânlayıcı bir tavır geliştirmenizde yardımcı olacaktır:

DÜŞÜNME TARZINIZI BERRAKLAŞTIRIN

Varmak istediğiniz spesifik hedefi belirleyin. Sonra, tek bir amaç güderek, kendinizi bunun gerçekleşmesine adayın.

HEDEFİNİZE ULAŞMAK İÇİN BİR PLAN GELİŞTİRİN VE GERÇEKLEŞTİRİLMESİ İÇİN BİR SON TARİH BELİRLEYİN

İlerlemenizi dikkatle planlayın: saat-saat, gün-gün, ay-ay. Organize faaliyetler ve korunan şevk, gücünüzün tükenmeyecek kaynağıdır.

HAYATTAN İSTEDİKLERİNİZ İÇİN CANDAN BİR ARZU GELİŞTİRİN

Her insanın hareketlerini en çok güdüleyen, arzu ateşidir. Başarı için duyulan arzu, "başarı bilinci"nin edinilmesini sağlar. Bu da, canlı ve gittikçe artan bir başarı alışkanlığı yaratır.

KENDİNİZE VE YETENEKLERİNİZE BÜYÜK ÖLÇÜLERDE GÜVEN GELİŞTİRİN

Zihinsel yönde yenilgi olasılığına hiç yer vermeyen her faaliyete girin. Dikkatinizi zayıflıklarınız yerine güçlü yönleriniz - problemleriniz yerine kuvvetleriniz üzerinde toplayın.

PLANINIZI İZLEMEK İÇİN ISRARLI BİR KARARLILIK GELİŞTİRİN

Katıksız kararlılığın yerini hiçbir şey tutamaz. Engellere, eleştirilere veya koşullara, veya başka insanların söylediği, düşündüğü veya yaptığı şeylere aldırmaksızın, planınızı izlemeye kararlı olun. Kararlılığınızı, sürdürdüğünüz çaba ve odaklanmış enerji ile inşa edin.

* * *

Fırsatlar hiçbir zaman onları bekleyenlere gitmez. Saldırmayı göze alanlar tarafından yakalanır. Başarılı saldırabilme yeteneğiniz planlama, hedef saptama ve onlara ulaşma yeteneğinize göre belirlenecektir. Rahip ve güdüleme sağlayan bir konuşmacı olan Robert H.Schuller'in dediği gibi, "Hedefler, bizim güdülenmemiz için mutlaka gerekli değildir. Onlar, bizi hayatta tutmak için vazgeçilmezdir".

Fırsatlar, hiçbir zaman onları bekleyenlere gitmez. Saldırmayı göze alanlar tarafından yakalanırlar.

Hedefler belirlemeye bugün başlayın. Geleceğinizin yolunu çizin. Robert F. Mager'in dediği gibi, "Nereye gittiğinizden emin değilseniz, başka bir yere varmanız muhtemeldir". Görüşünüzü gerçekleştirmek için elinizden gelen herşeyi yapın. Başka bir yere varmayın.

BAŞARI STRATEJİLERİ İÇİN ALIŞTIRMALAR

1. Hayatınız için belirlediğiniz görüşü oluştururken yazdığınız bilgileri okuyun. Bu görüşe dayanarak, kendiniz için bir Amaç Cümlesi yazın. Tüm yapmak istediklerinizi kapsayacak kadar genel olmalı, ancak özlü yazılmış olmalıdır. Bu, ezberleyeceğiniz bir şey olacaktır. Yazarken, şunları dahil ettiğinizden emin olun:
   a. Hayatınızdaki faaliyetlerin odak noktası ne olacak.
   b. Yapmak istediğiniz şeyi neden yapmak istiyorsunuz.
   c. Bunu nasıl başarmayı düşünüyorsunuz.

Burada size, bazı Amaç Cümlesi örnekleri verilmektedir:

Daha az şanslı insanların mümkün olduğu kadar çoğunun hayatlarını iyileştirebilmek için, tıp alanında çalışarak başkalarına yardım etmek istiyorum.

Tanrı'ya duyduğum aşk ve ona hizmet etme arzusuyla, diğer insanları severek, eğiterek ve disipline ederek, onlara amaçlarını bulmalarında, kendilerini bu işe adarken bunu geliştirmelerinde ve İsa'nın kişiliğinde potansiyel güçlerine erişmelerinde yardım etmeyi arzuluyorum.

İşimde müşterilerime mümkün olan en iyi ürün ve hizmeti sağlayarak maddi yönden başarılı olmayı, böylece elde edeceğim maddi olanakları ailem ve diğer insanlar için kullanabilmeyi arzu ediyorum.

Bir kez bir amaç cümlesi yazdığınızda, birkaç hafta boyunca her gün onu gözden geçirerek hayattaki amacınızı tam olarak ifade ettiğinden emin olun.

2. Kendiniz için hedefler geliştirmek üzere birkaç saatinizi ayırın. Yaşam boyu sürecek hedefler belirlemekle başlayın. Amacınıza ulaşmak için varmanız gereken bütün ana hedefleri tanımlayın. Muhtemelen iki ile on arasında temel hedef belirleyeceksiniz. Bir kez daha, bu hayat boyu sürecek hedefleri gözden geçirmek ve onların sizin için gerçekten değerli olduğundan emin olmak için zaman ayırın.

3. Yaşam boyu hedeflerinizin her biri için, bir saat veya daha uzun bir süre ayırın. Ana hedefi, ona ulaşmak için yerine getirmeniz gereken uzun vadeli spesifik hedeflere bölün. Daha sonra her bir uzun vadeli hedefi de daha ufak ve kısa vadeli hedeflere ayırın. Kısa vadeli hedefleri günlük, aylık ve haftalık etkinliklerle başarılabilecek basamaklara ayırın.Bu faaliyetler sizin başarınızın inşası içingereken çizim planları olacaktır.

4. Hayat boyu sürecek hedeflerinizin her biri üzerinde çalıştıktan sonra, başarılı olmak için ne(ler) yapmanız gerektiğini görebileceksiniz. Günlük, haftalık ve aylık etkinlikleri gruplara ayırın (Beşinci Bölümde size, bu faaliyetleri yönetebilmek için ipuçları verilecektir).

5. Hedeflerinizi değerlendirin. Ne kadar gerçekçi olduklarını belirleyin. Başarabilmeniz için, hangi hedeflerin sizi başkalarıyla birlikte çalışmak durumunda bırakacağını belirleyin. Yardım gerektirecek hedefleri yazın, her biri için size yardım edebilecek insanların listesini yapın (benzer hedefleri ve hayalleri olan insanlar seçmeye çalışın).

Beşinci Bölüm

Başarılı insan,

ZAMAN YÖNETİMİ

bilir

Pek çok insanın, diğerlerinin boşa harcadığı zamanı kullanarak öne geçtiğini gözlemledim.

- Henry Ford

Zamanın çoğu saatler değil, dakikalar halinde boşa harcanır. Dibinde ufak bir delik bulunan bir kova da kasten boşaltılmış bir kova kadar boştur.

- Paul J. Meyer

Her sabah hesabınıza 86,400 dolar yatıran bir banka düşünün. Gün boyu, istediğiniz kadar parayı harcamakta veya harcamamakta serbestsiniz. Bunu istediğiniz herhangi bir şekilde kullanabilirsiniz - sadece bir koşul var. Harcamayı başaramadığınız meblağ her ne kadarsa, ertesi güne devretmez. Ve onun hiçbir bölümünü her ne nedenle olursa olsun saklayamazsınız. Bir önceki günün tutarının tamamını harcamış veya hiçbir bölümünü harcamamış da olsanız, ertesi sabah yine 86,400 dolar bulacaksınız.

Kendinizi böyle bir durumda bulsanız, ne yapardınız? Pek çok insan gibiyseniz, bu parayı hergün harcamak için çabucak bir yol bulurdunuz. Karşılanması gereken acil ihtiyaçlarınız için gereken her şeyi satınalmakla başlardınız, ancak zeki iseniz, bu parayı hergün yatıracak bir yer bulup uzun vadede en büyük getiriyi almaya çalışırdınız.

SAAT ÇALIŞIYOR

Farkında olsanız da olmasanız da, yaşamınızın her gününde bu durumla karşılaşmaktasınız. Zaman "banka"dır ve size her gün istediğiniz gibi harcayabileceğiniz 86,400 saniye verilir. Ve bu saniyeleri kullanmayı başaramazsanız, onları ebediyen kaybedersiniz.

> Başarılı insanlar, zamanın değerinin farkındadır.

Başarılı insanlar,zamanın değerinin farkındadır. Mucit Thomas Edison'a dünyada en önemli şeyin ne olduğu sorulduğunda, cevabı "zaman" olmuştu. Mucit, yazar ve devlet adamıBenjamin Franklin, zaman tanımında daha da ileri gitmişti.Demişti ki:"Sen, hayatı sevmez misin?Öyleyse, zamanı boşa harcama, zira hayat ondan yapılmadır".

Durup düşünürse pek çok kişi, Franklin'le aynı fikirde olacaktır. Hayat, bu dünyada sahip olduğumuz kısıtlı zamandan oluşur. Yaşamı değerli addeder, ancak zamanı -hayatın yapıldığı şeyi- boşa harcarız. Bu, neden böyle olur? Birkaç sebebi olduğuna inanıyorum:

> İki insan arasındaki tek fark, sahiboldukları zaman değil -zira hepimiz günde 24 saate sahibiz-, bunun nasıl kullanıldığıdır.

1. **İnsanlar, zamanlarını geçirme tarzlarının denetimleri altında bir**

şey olduğunu farketmemektedirler. William A. Ward diyor ki, "Dakikalarımızın efendisi veya kölesi oluruz; zamanı kullanırız, veya o bizi kullanır". İki insan arasındaki tek fark, sahiboldukları zaman değil - zira hepimiz günde 24 saate sahibiz-, bunun nasıl kullanıldığıdır.

2. **Hayatta başarıya ulaşmak için gerçekte ne kadar az zamanımız olduğunu düşünmezler.** Birisi bir zamanlar 72 yıl yaşayan vasat bir Amerikalı'nın zamanını nasıl geçirdiğini hesaplamıştı:

21	yıl	uyuyarak
14	yıl	çalışarak
7	yıl	kişisel bakım faaliyetleri ile uğraşarak
6	yıl	yemek yiyerek
6	yıl	seyahat ederek
5	yıl	kuyrukta bekleyerek
4	yıl	öğrenerek
3	yıl	toplantılara katılarak
2	yıl	arayıp kendisini bulamayanları arayarak
1	yıl	kayıp eşyaları arayarak
3	yıl	diğer faaliyetler

Eğer çalışma süremiz içinde başarıya ulaşmayı beklersek, bunu yapmak için çok az zamanımız var demektir - tüm zamanımızın beşte birinden daha az.

3. **Boşa harcadıkları zamanın ne kadar olduğunu bilmezler.** Pek çok insanın hergün yerine getirmeleri gereken işleri ele alışlarındaki tutum, oldukça ilgisizcedir.Üretim düzeyleri, başarabileceklerinin sadece bir kısmıdır.

4. **Zamanlarını yönetme konusunda ne sisteme ne de stratejiye sahiptirler.** İnsanların bu kadar çok zaman kaybetmelerine neden olan en büyük sorun, zamanlarını planlamamalarıdır. Charles C. Gibbons diyor ki, "Zaman tasarrufu yapmanın en iyi yollarından biri, önceden düşünmek ve plan yapmaktır; beş dakikalık düşünme, genelde bir saatlik iş tasarrufu sağlar". Eğer zamanınıza değer veriyorsanız -ve eğer başarıya ulaşmayı arzuluyorsanız, zamanınıza değer vermelisiniz- zamanınızı mutlaka planlamalısınız.

Eğer zamanınıza değer veriyorsanız, zamanınızı mutlaka planlamalısınız.

ZAMAN HIRSIZLARI

Zamanınızı akıllıca kullanmak için en önemli stratejilerden biri, boşa harcadığınız süreyi büyük ölçüde azaltmaktır. Sonuçta, zaten kaybettiğiniz birşeyi kullanamazsınız. Lord Chesterfield'ın dediği gibi, "Dakikalarınıza dikkat etmenizi tavsiye ederim, zira (o zaman) saatler kendilerine dikkat edecektir".

Hergün kullanadığınız zamanı artırabilmek için denetleyebileceğiniz, genelde zamanı boşa harcatan en önemli on husus şunlardır:

Zamanınızı akıllıca kullanmak için en önemli stratejilerden biri, boşa harcadığınız süreyi büyük ölçüde azaltmaktır.

KAYBOLAN ŞEYLERİ ARAMAK

Wall Street Journal gazetesinde Albert R.Karr,Accountemps adında kısa süreli yardım sağlayan özel bir kuruluşun, büyük şirket yöneticilerinden 200 tanesiyle yaptığı bir anketten sözetmişti. Yöneticilerin, yılda yaklaşık altı haftayı, olması gerektiği yerde bulunamayan eşyaları aramakla geçirdiklerini ortaya çıkarmışlardı. **Bu da her yıl zamanlarının yüzde 10'undan büyük bir kısmını boşa harcamakta olduğu anlamına gelmektedir!**

Eğer kendinizi, diğer pek çok kişi gibi kaybettiğiniz şeyleri ararken bulursanız, çözüm, organize olmaktır. Olanağınız varsa, verimli bir sekreter tutun ve ona sizi organize şekilde tutması için para ödeyin. Ama birini tutacak kadar paranız yoksa bile, sizi gereksinim duyduğunuz şeyleri aramakla zaman kaybetmekten kurtaracak sistemler geliştirmelisiniz. En temel kurallardan biri, işinize yaramayan her şeyi çöpe atmak ve çöpe atmadığınız her şeyi dosyalayıp kaldırmaktır. Bendeniz otuz yılı aşkın süredir çeşitli bilgileri basit başlıklar altında dosyalamaktayım ve sahip olduğum bilgilerin neredeyse tümüne birkaç dakika içinde erişebilirim. Bunu deneyin. Sizin de işinize yarayabilir.

TEMBELLİK

Zamanı yönetmek, kendini yönetmektir. Pek çok kişi, hergün kendisini olumlu yönde harekete geçirmek için zorlanır.Bazıları için, bu bir güdülenme sorunudur. Bazıları için, bu bir disiplin meselesidir. Diğerlerininse, ileri doğru hareket etmek yerine sırtüstü yatmalarına neden olanbir mizacı bulunur.Bir başka grup insanın,ne yapmaları ve bunu ne zaman yapmaları gerektiğini takibetme konusunda sorunları bulunur.

> Zamanı yönetmek, kendini yönetmektir.

Eğer tembellik sizin için bir sorunsa, başarıya ulaşmanızda yardımcı olacak bir yapı kullanın. İşte size birkaç öneri:

1. **Ajanda kullanın.** Neyi, ne zaman yapmanız gerektiğini takip edemiyorsanız, tüm bilgileri organize bir şekilde tek bir yere kaydetmenize yardımcı olacak bir enstrüman kullanın. En iyi araç, piyasalarda satışa sunulan ajanda ve benzeri planlama defterleridir.

2. **Evden uzakta çalışın.** Güdülenmekte güçlük çekiyorsanız, belki de bir ortam değişikliğine gereksiniminiz vardır. Pek çok kişi, evde belli bir rutine kapılarak bunun dışına çıkmakta güçlük çeker. Diğerleri için evde dikkat dağıtan pek çok şey bulunur - çalan telefon veya kapı zili, aile bireyleri veya komşuların yaptığı kesintiler, televizyon, radyo, yapılması gereken ev işleri,vb. Uzaklaşmak, dikkatinizi toplamanıza yardımcı olabilir. Yeterli çalışma disiplinine kavuşmanız için gerekli olan tek disiplin aşaması bu olabilir.

3. **Güne Erken Başlayın.** Hiçbir şey, gün içinde yapmak istediklerinizi gerçekleştirmeye başlamak için zamanın çok geç olduğunun birden bire farkına varmak kadar cesaret kırıcı olamaz. Zira pek çok kişi, yapmayı planladıkları işler için yeterli zamanları olmadığının farkına vardığında, tüm günü gözden çıkarır ve hiçbir iş yapmaz. Çözüm olarak, güne erken başlamayı alışkanlık haline getirin.

İŞLERİNİZDE KESİNTİLER

Zaman Yönetim Merkezi Şirketi'nin (Time Management Center, Inc.) başkanı Dr. Larry Baker'a göre, yöneticilerin boşa harcanan zamanının çoğunu kesintiler oluşturmaktadır.

Büyük zaman almalarının nedeni, kesinti süresine malolmalarının yanısıra, rahatsız edilen kişinin kaldığı yerden devam edebilmesi için, yaptığı işi tekrar gözden geçirmesini ve ona yeniden konsantre olmasını gerektirmesidir. (Kaldığı yeri bulmak ve düşüncelerini yeniden toparlamak için birkaç dakikaya gereksinim duymayan insan pek azdır).

İşte size, kesintileri en aza indirebilmenize yardımcı olacak birkaç yöntem:

1. **Verimli bir sekreter tutun.** Kesintileri önlemenin bir yolu,sizi düzenli olarak bölen insanlarla aranıza birini koymaktır. İnsanların sizi ziyaret ettikleri zamanı kontrol ederseniz, bir iş üzerinde dikkatinizi yeniden toplama zorunda kalmazsınız. Ancak bunu yapmayı seçerseniz, kolayca ulaşılabileceğiniz süreler belirleyerek, birlikte çalıştığınız kişilerin kendilerini dışlanmış hissetmelerini ve size gücenmelerini önlemelisiniz.

2. **Zaman dilimleri (blok süreler) halinde çalışmayı öğrenin.** Büyük konsantrasyon gerektiren işlerle uğraşırken, büyük zaman dilimleri içinde çalışmayı öğrenin - bir oturuşta dört ile altı saat gibi. Bunu da, kesintileri önlemekle aynı nedenden dolayı gerçekleştirin. Tekrar dikkatinizi toplamak için zaman kaybetmeyeceksiniz. Buna ek olarak, blok süreler halinde çalıştığınızda hız kazandığınızı, daha kısa sürede daha çok iş yaptığınızı göreceksiniz. Kendinize bu kadar zaman ayırabilmek için özel ayarlamalar yapmanız gerekecektir. Bu, kendi kendine gerçekleşemez.

Blok süreler halinde çalıştığınızda hız kazandığınızı, daha kısa sürede daha çok iş yaptığınızı göreceksiniz.

Belki de, kuytu bir yerde rahatsız edilmeden çalışabilmek için bir yer bulmanız gerekebilir.

3. **Ofisinizi, dikkat dağıtıcı hususlardan etkilenmeyecek şekilde kurun.** Ofisinizin nasıl düzenlenmekte veya inşa edilmekte olduğu konusunda söz söyleyebilecek konumdaysanız, insanların sizi ne zaman göreceğini kontrol altında tutacak şekilde olmasını isteyin. Örneğin odanızı insanların geçerken sizi kapıdan veya camdan görüp, davetsizce gelip konuşmalarına olanak tanıyacak şekilde yapmayın. Mümkünse odanızı, insanları görmek zorunda kalmadan dışarı çıkabileceğiniz veya tuvalete gidebileceğiniz bir yere koyun. İnsanlarla her karşılaştığınızda, onlara gülümsemek ve nazik olmak istediğiniz için, bunu gerçekleştirmek isteyeceksiniz. Bir randevuya geç kaldığınızda, veya eve erken gidip eşiniz ve çocuklarınızla biraz zaman geçirmek istediğinizde, biriyle konuşarak yarım saat kaybetmek istemezsiniz.

4. **Telefon kullanma tarzınızı değiştirin.** Telefonlarını işe yarar aygıtlar olarak kullanmak yerine pek çok kişi, telefonlarının esiri olur. Bundan uzak kalmanın bir yolu, gelen telefonların doğrudan sizin odanızda çalmasını önlemektir (Bunu yapmak istemenizin nedeni, insanların siz çalışırken sürekli işinizi bölmelerine izin vermemekle aynı sebeptendir). Ayrıca, günün belli bir bölümünü gelen telefonları cevaplandırmaya ayırmalısınız. Telefonun, size

> Telefon, size kolaylık sağlamak için oradadır, tersi geçerli değildir.

kolaylık sağlamak için orada olduğunu - bunu tersinin geçerli olmadığını akıldan çıkarmayın.

5. **İşe sabah erkenden başlamayı öğrenin.** Sabahın erken saatlerinde çalıştığım zaman daha az kesintiye uğradığımı farkettim. Eğer erken saatlerde çalışmayı uygulayabilirseniz bunun, güne iyi başlamanızı sağladığını ve çalışmaya ayırdığınız süreyi artırdığını göreceksiniz.

YÜKÜ KENDİ KENDİNE TAŞIMAYA ÇALIŞMAK

Verimimizi artırabilmek için hepimizin sahip olduğu yegâne kaynak, diğer insanlardır.

Verimimizi artırabilmek için hepimizin sahip olduğu yegâne kaynak, diğer insanlardır.

Bu gerçeğe rağmen pek çok kişi,tüm iş yüklerini tek başlarına taşımaya çalışırlar.Çözüm, delege etmek ve yetki vermektir.

Başkalarını delege edebildiğinizde ve onları başarı için yetkilendirdiğinizde, herkes kazanır.

Delege etme, diğerlerinin özel yeteneklerini ve kısıtlayıcı yönlerini farketme yeteneği ile, her insanı en iyi yapabildiği işlere uydurma yeteneğinin bileşkesidir. Yetki verme, insanlara hedeflerine ulaşabilmeleri için gerekenleri sağlamaktır. Başkalarını delege edebildiğinizde, ve onları başarı için yetkilendirdiğinizde, herkes kazançlı çıkar.

BEKLENMEDİK GECİKMELER VEYA ZAMAN FIRSATLARI

Beklenmedik bir gecikme ile karşı karşıya kalarak, o anda yapacak işiniz olmadığını kaç kez farkettiniz?Bu durumda kaldığınızda, beklemekten başka yapacağınız pek birşey bulunmaz. Bildiğim en sıkıcı -ve zaman öldürücü- durumlardan biridir bu.

Buna benzer durumlarda kalmamak için tek yol, önceden plan yapmaktır. Ne zaman seyahate çıksam, yanımda iş götürürüm. Uçakla gittiğimde, bir buçuk saatlik bir bekleme ortaya çıktığında hiç sinirlenmem. Onun yerine evrak çantamı açıp, işe koyulurum. Bir sürü -on iki tane rötarla karşılaşsam dahi bitiremeyeceğim kadar- işi yanıma almadan hiç yola çıkmam. Eli boş yakalanmayı hiç istemem.

Şehir içindeki yolculuklarımda, yine işleri yanıma alırım. Delikanlıyken babam bana torpido gözünde daima bir kitap bulundurmayı öğretti. Böylece trafikte takılı kalsam bile, orada zaman kaybetmiş olmam. Arabamdaki kasetçaları daima kullanırım. Her zaman, araba kullanırken dinlediğim düzinelerle kaset vardır. Arabamda aynı zamanda telefon ve kayıt yapabilen bir kasetçalar bulunur. Eve dönerken, beni arayıp bulamayanları arar, bir mektup dikte eder veya başka türlü kaybedebileceğim bir fikri kaydederim.

Hazırlıklı olun, ve beklenmedik gecikmeleri en iyi şekilde kullanın. Kaybolan zamanı üretken zamana dönüştürebilirsiniz. Henry Ford'un dediği gibi, "Pek çok insan, diğerlerinin boşa harcadığı zaman zarfında öne geçer".

PİŞMANLIK DUYMAK VE DÜŞLER KURMAK

Bir keresinde,bir ressamın yaptığıbir resimde hızla giden araçları ve sert bakışlı insanlarıyla işlek bi cadde görmüştüm.

> Zihninizi gereksiz konularla meşgul ettiğiniz her an, verimlilikten çalınan bir saniyedir.

Hızlı hareketler arasında kederle öne eğilmiş bir adam vardı. Ters yöne gidiyordu. Yalnız adamın resminin altında, "Dünü Arayış" yazıyordu. Pek çok insan, kamburunu çıkarmış bu adama benzer. Geçmişte aptıkları hataları veya kaçırdıkları fırsatları düşünüp üzülerek enerji harcarlar. Veya geleceğe ait düşler kurarlar. Zihninizi her ikisiyle meşgul etmek, zaman kaybıdır. Dag Hammarskjold diyor ki, "Geriye dönüp bakmayın ve gelecekle ilgili düşler kurmayın. Bu size ne geçmişinizi geri getirebilir, ne de düşlerinizi gerçekleştirebilir. Göreviniz, ödülünüz -kaderiniz- *buradadır* ve *şimdiki zamandadır*".

Zihninizi bunlarla meşgul ederek geçirdiğiniz her an, verimlilikten çaldığınız bir saniyedir. Hatalarınızdan ders alınız, ancak hemen yolunuza devam ediniz. Ve düş görmek yerine, hayallerinize ve hedeflerinize ulaşma yolunda çalışınız.

SÜRÜNCEMEDE BIRAKMAK

Her işi sürüncemede bırakan birine bir arkadaşı, günlük işlerini nasıl yapabildiğini sormuş. "Bu basit", demiş adam, bunun düne ait bir iş olduğunu varsayarım".

İşleri süründürmek, dünün işini bugün yapmakla kalmaz. *Webster Sözlüğü* bu kelimeyi *(procrastination)* şöyle tarif eder: (hoş olmayan veya külfetli birşeyi) yapmayı gelecek bir zamana erteleme; bilhassa (bu tip eylemleri) sonraya bırakma alışkanlığı".

Eğer işleri sürüncemede bırakan bir insansanız, muhtemelen değerli zamanınızın büyük bölümünü boşa harcıyorsunuz.Bu tipinsanların yapılması gerekenbir işi düşündükleri, endişe duydukları ve sonra da yapmadıkları için duydukları suçluluk duygusunu üzerlerinden atabilmek için geçirdikleri süre içinde, onlar bu işi çoktan yapmış ve bir sonraki işe geçmiş olabilirlerdi.

Sürüncemede bırakma ile başa çıkabilmek için birkaç yöntem bulunmaktadır:

1. **Verilen bir işin gerçekten yapılması gerekip gerekmediğini belirleyin.**Bazen bir görevin önemsiz olduğunu hissederek onu süründürürüz. Eğer gerçekten önemsizse, onu erteleyerek suçluluk duymak yerine, tamamen ortadan kaldırın. Gereksiz işlerden tamamen kurtulmak, etkin zaman yönetiminin anahtarlarından biridir. Ivır-zıvırı programınızdan çıkarın.

2. **İşleri başkalarına delege edin.**Bazı zamanlar, yapılması gereken, ancak yapmaktan hoşlanmadığınız işler olabilir.İsteksizliğiniz bazenkişiliğinizden veya yeteneklerinizden kaynaklanabilir.Eğer gereklibir iş onu yapacak ve yapmaktan zevk duyacak daha uygun birine delege edebilirseniz, ikiniz de kazançlı çıkarsınız.

3. **Kendinizi harekete geçirmek içinyararları keşfedin.** Hoşa gitmeyen bir işi sürüncemede bırakmak, çoğunlukla onun neyeyarayacağını bilmemekten kaynaklanır. Başka bir deyişle, işi yapmakla ödeyeceğimiz bedel, onu yapmakla elde edeceğimiz faydadan daha büyük gibi görünür. Bu sorunun üstesinden gelmenin en iyi yöntemlerinden biri, hedefleriniz ve görüşünüz ışığında bu görevi incelemektir.Değer bir hedefiniz olduğunda, onu gerçekleştirmenize yardımcı olacak işleri yapacak şekilde güdülenmeniz kolaylaşır.

4. Bir disiplin geliştirin. Pek çok kişi için, işleri sürüncemede bırakmak bir alışkanlık haline gelmiştir.Onlar için bu dünyada bir işin yapılmasını gerektiren yerinde hiçbir sebep, olumsuz çizgilerinden uzaklaşmaları için yeterli değildir. Eğer sizin durumunuz da böyle ise, kendinizi yeniden eğitmeli ve işleri süründürme huyunuzu iyi alışkanlıklarla değiştirmelisiniz.Kendinizi bir işi ertelemenin eşiğinde bulduğunuz her durumda durup, hangi yönde hareket edeceğinizi belirleyin ve kendinize bir soru daha sorun: "Bunu en erken ne zamana kadar bitirebilirim?" Kendinize bir bitiş zamanı belirleyin ve ona sadık kalın. Zamanla, çalışma yönteminiz değişecektir.

BİR SORUNU KAVRAYAMAMA

İşleri sürüncemede bırakmanın tersine, bazı insanlar şöyle bir eğilim içindedir: Akıllıca ve verimli bir şekilde bir sorunu halledebilmek için gereken bilgiye sahip olmadan, o sorunu çözmeye girişmek. Çabucak çözüm bulma arzusuyla -ki genelde gayet olumlu bir özellik- bazen gereğinden çabuk harekete geçerler. Aceleyle ortaya konmuş ve uygulanmakta olan bir çözümün durdurulması ve ilâve bilgiler edinildiğinde tersine çevirilmesi gerektiği durumlarda, büyük sorunlar ortaya çıkabilir.

Eğer doğal eğilimi sorunu anlamadan üstüne atılıp işleri "halletmek" olan bir kişiyseniz, işleri sürüncemede bırakanlara benzer şekilde kendinizi disipline etmeniz gerekecektir. **Kendinizi verilenbir süreye kadar harekete geçmeye zorlamak** yerine, **verilen bir süreden önce kendinizi harekete geçmekten alıkoymanız** gerekecektir. Çözümünebaşlamadan önce,bir sorunla ilgiliyeterli bilgi edinmeye ve onu iyice anlamaya kendinizi zorlamanız gerekecektir.

OLUMSUZ KİŞİSEL TUTUMLAR

Duygusal karışıklık, enerji kaybetmenize ve daha az verimli olmanıza neden olabilir. Kendini koruma, kıskançlık, mücadele, öfke ve diğer olumsuz duygular, elimizden gelenin en iyisini ortaya koymamızı zorlaştırır. Üretici olabileceğimiz zamanı boşa harcarız.

> Duygusal karışıklık, enerji kaybetmenize ve daha az verimli olmanıza neden olabilir.

Eğer olumsuz duygular konusunda sorununuz varsa, kaybetmenize ve daha az verimli yardım isteyin. Eğer geçmişinize dayanan duygusal yaralarınız varsa, akıl sağlığı uzmanları ile bu konuyu halledin. Eğer kendinizi olumsuz tutumda bulursanız, olumlu kitaplar okuyun ve motivasyon artırıcı kasetler dinleyin. Olumlu tutum içine girmek için ne yapabilirseniz yapın.

ÖNCELİKLERİ BİLEMEMEK VE SIRALAYAMAMAK

Yukarda listelenen zaman hırsızı sorunların pek çoğundan uzak duran insanlar dahi eğer öncelik belirlemeyi bilmiyorlarsa, olabilecekleri kadar verimli olamazlar. Herhangi bir insanın edinebileceği enciddi zaman yönetimi becerilerinden biri, öncelikleri bilmek ve bunları sıralayabilmektir.O kadar önemlidir ki,bu konunun derinlemesine incelenmesi gerekir.

OLUMLU SONUÇLARA ÖNCELİK VERİN

Fransız filozof Blaise Pascal diyor ki,"Kişinin en son anladığı, neyi başa koyması gerektiğidir". Ne yazık ki, pek çok kişi için bu doğrudur. Hayatlarındaki iş ve görevleri önem sırasına nasıl dizebilecekleri hakkında hiç fikirleri yoktur.

Faaliyetin başarı anlamına geldiğine, ancak hiçbir şeyin gerçeğin ötesinde olamayacağına inanırlar.

Yaptığınız her hareketin sizin için karşılık gelen bir değeri vardır. Bu değer, doğuştan gelen özelliklerinize, yeteneklerinize, fırsatlarınıza, görüşünüze, değerlerinize ve hedeflerinize dayanır. Siz ve komşunuz aynı işi yapmak için birer saat harcarsınız; bu sizin için son bir ayda sarfettiğiniz en değerli saat olabilir, ve ona da bu büyük zaman kaybı gibi gelebilir.

Bir örnek vereyim: Oturduğum bölgedeki otomobil satıcılarına araba temin eden, tanıdığım bir araba toptancısı satış müdürü var. Hafta içi, zamanının büyük bölümünü henüz iş yapmadığı otomobil satıcısı firmaların satış müdürlerini ziyaret ederek geçirir. Hedefi bu kişilerle olumlu ilişkiler kurmak, gereksinimlerini anlamak ve kendi sattığı ürünler hakkında onları bilgilendirmektir.

Bir müdürü ilk kez ziyaret ettiğinde, genelde sürenin tümünü iş dışında konular hakkında konuşarak geçirir.Enerjisini,karşısındaki kişi veonun ilgi alanları hakkında bilgi toplamayayoğunlaştırır.Meselâ golften bahsedebilirler.Eğer olumlu bir ilişki kurabilirse bu, gelecek yıllardaki satış ve gelirinde muazzam bir artış anlamına gelir.İyi harcanmış bir saattir bu.

Diğer taraftan,eğer golften nefret eden mimar komşusu, gidip o müdürle golf üzerine bir saat konuşsa bu, onun için bir işkence olur. Ne işlerine faydası dokunur, ne de böyle bir konuşma onun üzerinde uyarıcı bir etki bırakır.

Bu örnek fazla açık görünebilir,ancak pek çok kişi her gün yaptıkları işlere onları yapmakla ne büyük değer kazandıklarını hiç düşünmeden yaklaşır. Onlara göre bir görev diğerine benzer ve gün, etkinliklerle dolu olduğu sürece onlar mutludur. Veya zevkli görünen işleri yapar, onlar kadar hoş olmayanları görmemezlikten gelirler.

Başarılı insanlar zamanlarını böyle bir yaklaşımla yönetmez. Zamanlarını yönetmeleri için bir öncelikler stratejisi belirlemeleri gerekir.

ÖNCELİKLERİNİZİ BELİRLEME YOLLARI

Verilen bir gün içinde ne yapacağınızı belirlemeden önce, zamanınızı nasıl harcamanız gerektiği hakkında daha büyük bir resme gereksiniminiz bulunmaktadır. Bunu yapmak için, kendinize üç soru sormanız gerekir:

1. **Benden istenen nedir?** Önceliklerinizi belirlemek, her zaman sizden ne istendiği ile başlamalıdır. Yapmanız gereken belirli görevler ve işler, her zaman olacaktır. Dikkat edilmesi gereken önemli bir husus, istenen birşeyin yapılması mı gerektiği, yoksa *sizin tarafınızdan* mı yapılması gerektiğidir. Arada fark vardır.Şart olan, ancak kişisel olarak sizin yapmanızın gerekli olmadığı görevler,delege edilip denetlenebilir.

2. **Bana en yüksek getiriyi sağlayan nedir?** İnsanlar, zamanlarının ve enerjilerinin büyük kısmını, kendilerine en büyük getiriyi sağlayacak, başkalarından daha iyi yaptıkları şeyler üzerinde yoğunlaştırmalıdır. Bu alanda bengenellikle Pareto(80/20) prensibini , yol gösterici olarak kullanırım: Bir kişi zamanının yüzde 80 ini kendisine en büyük getiriyi sağlayacak alanda, ve

> Bir kişi zamanının yüzde 80 ini kendisine en büyük getiriyi sağlayacak alanda, ve yüzde 20 sini diğer alanlarda harcamalıdır.

yüzde 20 sini diğer alanlarda harcamalıdır. Zamanın en stratejik kullanımı budur.

3. **Bana enbüyük ödülü nesağlar?**Bazı insanlar için kişisel tatmin konusunda en büyük getiriyi sağlayan şeyler,aynı zamanda en büyük ödülü de sağlar.Ancak bu, her zaman geçerli değildir. Durumunuz ne olursa olsun, zamanınızı sizi ödüllendiren, size zevk veren alanlarda çalışarak geçirmeniz gerekir. Bu sayede, işiniz zevkli olmaya devam ettiği için, sizin de güdülenmiş olarak kalmanız mümkün olacaktır.

ÖNCELİKLERİNİZİ KORUMA YOLLARI

Bilgisayar alanında girişimci H.Ross Perot diyor ki, "Mükemmel olan veya övgüye değer olan her şey, her an bıçak sırtındadır ve uğrunda sürekli mücadeleyi gerektirir". Perot, bir kez önceliklerinizi belirlemeye başladığınızda, onların kendi kendinin icabına bakmadığını anlamış birisidir. Onları uygulamaya koymak için savaşmanız gerekebilir, ve onları yerinde tutmak için de mutlaka çok çalışmanız gerecektir. Bunu yapmanızda yardımcı olacak üç basamaklı bir plan, aşağıda verilmiştir:

1. Değerlendirin. Önce, bir önceki bölümde sözü geçen ve gereksinim, getiri ve ödülünüzle ilgili olan üç soruya göre, ne yapmanız gerektiğini değerlendirin.

2. Eleyin. Sonra, yapmanız gerekmeyen tüm işleri eleyin. Yapılması gereken, ancak başkasının da yerine getirebileceği görevleri delege edin (Ben, benimle çalışan kilit kişiler arasından düzenli olarak iş delege ettiklerimin her biri için bir dosya tutarım. Onlara vermek istediğim görevler belirledikçe, bu konuları dosyalarına yerleştiririm.

Sonra onları gördüğümde, onlara dosyadakini verir ve anlaşılmayan hususları gerekirse açıklarım).

3. Tahmin yürütün.Hedeflerinize ulaşmak içinyerine getirilmesi gereken işleri yazın. Tamamlanması için ne kadar zaman gerektiği ve başarmanızda size kimlerin yardımcı olabileceği hakkında bilgiyi de dahil edin.

ÖNCELİKLERİNİZE GÖRE HAREKET ETME YOLLARI

> Çoğu insan, işlerini önceliklerinden ziyade hissettikleri baskıya dayanarak sıraya dizer.

Ne yapmanız gerektiğine bir kez karar verdiğinizde, buönceliklere göre hareket etmeniz şarttır.Çoğu insan,işlerini önceliklerinden ziyade hissettikleri baskıya dayanarak sıraya dizer. Etkisel değil, tepkiseldirler. Başarılı insanlar bu tarz çalışamaz. İşte size, önceliklerinize göre çalışmanızda yar-dımcı olacak iki tavsiye:

Her Güne, Önceliklerinizin Bir Listesi ile Başlayın

Bethlehem Çelik Şirketi başkanıCharles Schwab,Ivy Lee adındaki bir verimlilik uzmanına bir randevu vermişti. Görüşmede Lee, Schwab'a firmasının, şirketini daha iyi yönetmesinde yardımcı olabileceğini söylemişti. Schwab da, şirketini yönetmesini bildiği en iyi şekilde yönetemediğini kabul etmiş, ancak ihtiyacı olanın daha çok bilmek değil, daha çok uygulamak olduğunu söylemişti. Demişti ki, "Ne yapmamız gerektiğini biliyoruz; şimdi siz bize bunu yapmanın daha iyi bir yolunu gösterebilirseniz,sizi dinlerim - ve size makul sınırlar içinde her ödemeyi yaparım".

Lee ona, yirmi dakika içinde başarılarını en az yüzde 50 oranında artıracak birşey verebileceğini söyledi. Sonra da

Charles Schwab'a boş bir kağıt uzatarak şöyle dedi: "Bu kağıda, yarın yapmanız gereken en önemli altı şeyi yazın". Mr. Lee daha sonra,"Şimdi bunları siz ve şirketiniz için taşıdıkları öneme göre numaralandırın" dedi. Bu, yaklaşık beş dakika sürdü. Sonra da Mr. Lee dedi ki, "Şimdi bu kağıdı cebinize koyun ve yarın sabah ilk iş olarak çıkarın, birinci maddeye bakın. Diğerlerine bakmayın, sadece bire bakın, ve tamamlanana kadar onun üzerinde çalışın.Sonra aynı şekilde ikinci maddeye bakın, sonra üçe, ve işgünü sona erene dek böyle devam edin. Sadece ikisini tamamlarsanız, üzülmeyin. En önemli hususlar üzerinde çalışmış olacaksınız".

"Bunu hergün yapın", diye devam etti Lee. "Bu sistemin değerine inandığınızda, adamlarınıza da böyle çalışmalarını söyleyin. İstediğiniz süre deneyin, sonra da bu fikrin değeri neyse, onu karşılayacak bir çek yazıp gönderirsiniz".

Tüm bu görüşme, yarım saatten uzun sürmemişti.Birkaç hafta içinde Schwab, Ivy Lee'ye 25.000 dolarlık bir çekle, dersin maddi yönden gerçekten ömründe elde ettiği kazançlardan da daha yararlı olduğundan bahseden bir mektup gönderdi. Daha sonraları dendi ki, büyük ölçüde bu plan sayesinde beş yıl içinde bir zamanların az tanınan çelik şirketi, dünyanın en büyük bağımsız çelik üreticisi haline gelmiştir. Aynı zamanda bu teknik,Charles Schwab'a yüz milyon dolar kazandırmıştır.

İnsanlar, işlerini önem sırasına göre yapmaya doğal olarak direnir, yine de insanın zamanını bunun kadar iyi yöneten tek bir fikir yoktur.

İnsanlar, işlerini önem sırasına göre yapmaya doğal olarak direnir.Çoğu, hoş veya uygun olanları tercih eder. Yine de bir insanın zamanını, görevleri önem sırasına göre gerçekleştirmek kadar iyi yöneten tek bir fikir yoktur. Bir ay boyunca deneyiniz, muhteşem sonuçlarla karşılaşacaksınız. İnsanlar, bu kadar enerjiyi nereden bulduğunuzu merak edeceklerdir. Ancak siz, ilave enerji almadığınızı - sadece onu yapabileceğiniz en iyi şekilde yönlendirmeyi öğrendiğinizi bileceksiniz.

Önceliklerinizi Yazın ve Onlara bir Program Verin

Gününüzü planlamak, başarınız için çok önemlidir. Anbean, ne yapılması gerektiği hakkında dikkatinizi toplamanızı sağlar. Ancak haftanızı, ayınızı veya yılınızı planlamak da bu kadar önemlidir. Size tüm yönleri gösterir ve daha büyük resim üzerinde ve hedeflerinize ulaşma üzerinde dikkatinizi toplamanızı sağlar.

Ben, her ay takvimimi alıp, o ay içinde yapmam gereken temel görevlerin listesini oluştururum. Daha sonra takvime bakarak bu görevlerin her biri için çalışmayı planlayacağım zamanlar arar, bunları bu şekilde programa alırım. Bu planı uygulamaya koyduğumdan beri, bilmeden hiçbir bitirme tarihini kaçırmayacak veya sorumluluğumu unutmayacak kadar şanslı oldum.

* * *

C. Neil Strait diyor ki,"Zamanımızı yönetmek, bizim için en öncelikli şey olmalıdır.Organizasyondan yoksun olduğunda günümüz, amaçsızca ve başarısız şekilde boşa gidecektir". Bir insanın başarısı ile başarısızlığı arasındaki ayırıcı çizgi, zamanını ne kadar iyi yönettiği konusunda defalarca ortaya çıkar. Şurada birkaç dakikanın veya orada birkaç saatin pek büyük fark yaratmayacağı düşüncesi çok caziptir. Ancak bunlar, fark yaratır.

> Bir insanın başarısı ile başarısızlığı arasındaki ayırıcı çizgi, zamanını ne kadar iyi yönettiği konusnuda ortaya çıkar.

Pekçok kez fark o kadar incedir ki, aradan onyıllar geçmeden bunu göremeyiz.Diğer zamanlar fark, Alexander Graham Bell'in durumunda olduğu gibi, çok açıktır. Bell telefon üzerinde çalışırken, Gray adında bir başkası da aygıtı tamamlamaya çalışıyordu. İkisi de aynı zamanda başarmıştı. Ancak Bell, patent bürosuna Gray'den önce vardı - iki saat farkla. Tabii ikisi de birbirini tanımıyordu, ancak Bell sadece 120 dakikalık fark sayesinde meşhur oldu. En büyük varlığınız, hemen önünüzdeki 24 saattir. Onu en dolu biçimde kullanmanızı sağlayacak bir strateji geliştirdiniz mi?

BAŞARI STRATEJİLERİ İÇİN ALIŞTIRMALAR

1. Büronuzu veya çalışma alanınızı temizleyip yeniden organize etmek için bir zaman kütlesi (bir cumartesi olabilir) ayırın.Dosyalayabildiğiniz herşeyi dosyalayın, dosyalayamadığınız herşeyi atın veya birine verin. Kendinize, ilerde iki günden daha uzun bir süre dosyalama yapmadan geçirmeyeceğinize dair söz verin.

2. Kesintiler bölümüne bakın. En büyük probleminiz olan bölümü seçerek,o bölümdeki tavsiyeyi bir ay boyunca uygulayın. Sonuçta başardığınız her ek işin bir kaydını tutun.

3. Önceliklerinizi belirlemede size yardımcı olmak üzere verilen üç soruyu yanıtlamak için bir-iki saatinizi ayırın. Yanıtlarınızı yazın, ancak uzun iş listeleri yapmaktan kaçının.Onun yerine, her soruya birkaç cümleyle cevap verin.

a. Benden ne istenmiştir?
b. Bana en büyük getiriyi veren nedir?
c. Bana en büyük ödülü veren nedir?

Bir kez cevaplarınızı belirlediğinizde, daktilo ederek çalışma alanınız içindeki bir yere asarak size zamanı etkili şekilde yönetmenizi hatırlatmasını sağlayın.

4. Gelecek ay için, Ivy Lee'nin Charles Schwab'a öğrettiği öncelik sistemini kullanın. Her günün sonunda, ertesi gün yapmanız gereken işleri yazın. Sonra bunları önem sıralarına göre numaralandırın. Ertesi gün listenize bakarak çalışın, en önemli işten ikinciye, vb. geçin. Bu yeni sistemin sonuçlarını ay sonunda veriminiz açısından değerlendirin.

5. Ayınızı planlamak için bir-iki saat ayırın. Takviminizi ve tüm sorumluluklarınızın listesini yanınıza alarak, rahatsız edilmeyeceğiniz bir köşeye çekilin. Her işin alacağı süre uzunluğunu hesaplayın, ve bunu takviminize onları yapabilmek için elinizde bulunan zaman dilimlerine (süre bloklarına) yerleştirin. Onları takviminize önem sıralarını gözönünde tutarak yerleştirmeyi unutmayın.

Altıncı Bölüm

Başarılı insan,

STRESLE BAŞAÇIKMA

'nın yollarını bulur

Sizi yere yıkan yumruk, sert olandan ziyade geldiğini görmediğiniz yumruktur.

- Joe Torres

Savaşamıyorsanız veya kaçamıyorsanız, rüzgârla eğilin, direnmeyin.

- Robert Eliot

Günümüz insanının karşılaştığı en büyük sorunlardan biri, strestir. Hayatları düzendeymiş gibi görünen başarılı insanlar dahi, strese dayalı sorunlardan etkilenir. Amerika'da ne büyük sorun haline geldiğini size göstermesi için, yüzyılın başında insan ölümüne yol açan ilk on nedenin bulaşıcı hastalıklar, 1990 lı yıllarda ise insan ölümlerine yol açan ilk on nedenin tümünün strese bağlı hastalıklar olduğunu bilmeniz yeterlidir.

STRES HAKKINDA GÖZLEMLER

Anlamadığımız bir şeyle uğraşmamız olanaksızdır; bu nedenle, stresle başa çıkma konusunda herhangi bir inceleme, stresle ilgili birkaç gözlemle başlamalıdır.

HER İNSANIN YAŞAMINDA STRES VARDIR

Konu stres olduğunda sorun, "Siz stresli olur musunuz?" değildir. Hepimiz stresi bir şekilde yaşarız. Soru "**Neyin** sizi etkilemesine izin verirsiniz ve bu sizi **nasıl** etkiler?" dir.

Stresin bazı çeşitleri, zihinsel tutumunuzun sonucu olarak uzak tutulabilir. Diğer çeşitleri kaçınılmazdır, ve bunlarla başa çıkma yollarını öğrenmeniz gerekmektedir.

STRESİN BAZI TÜRLERİ OLUMLU OLABİLİR

Gerksinimin, icadın anası olduğu söylenmiştir.Benzer şekilde, stresin, başarının anası olduğu söylenebilir. Stres bazen insanların içindeki eniyiyi ortaya çıkarır.Bir insanı iş yapmada daha iyi,daha akıllıca yollarbulmaya kışkırtabilir.Bu tarz olumlu bir itmeyi belki **baskı** veya **gerilim** kelimeleri daha iyi tarif eder.

Özellikle eğlence dünyasındaki kişilerin veya atletlerin yaşamında baskının olumlu etkisini kolaylıkla görebilirsiniz. Bazı aktörler örneğin, en iyi gösterilerini baskı altındayken, kendileri için önemli kişiler seyirciler arasındayken yaparlar. Aynı şey bazı atletler için de doğrudur. Bunlar büyük oynayan, şampiyonluk maçında veya Olimpiyat finallerinde oyun düzeyleri yükselen oyunculardır. Bu tar basınca değişik kişiler değişik şekillerde tepki gösterir.Stres, bazılarının kırılmasına, bazılarının da rekorlar kırmasına neden olur.

Stres bazılarının kırılmasına, bazılarının da rekorlar kırmasına neden olur.

FAZLA STRES GEREKSİZDİR

Çoğu insan pek çok şey için gereksizce kaygılanır. Neredeyse kendilerine stres sağlayacak şeyler arar gibidirler. Buna inanmak size zor gelebilir, ancak şüpheniz varsa, kaygı ile ilgili şu rakamlara bakınız:

İnsanların, olacağından kaygılandıkları şeylerin tümünün yüzde 40 ı asla gerçekleşmez.

Tüm kaygıların yüzde 30 unu, geçmişte verilen ve değiştirilemeyecek kararlar teşkil eder.

Yüzde12si diğer insanların söylediklerinden kaynaklanır;bu insanlarkendilerini aşağı hissettikleri içinkonuşmuştur.

Yüzde 10u sağlıkla ilgilidir,kaygılandıkça dahakötüye gider.

Yüzde 8i kaygılanmak için "geçerli" olarak telakki edilebilir.

Dikkate değer, değil mi? Strese yol açan on sorun içinde bir tanesinden daha azı, gerçek anlamda tasalanmayadeğer. Tüm diğerleri, elemesini öğrenebileceğimiz şeylerdir.

> Strese yol açan on sorun içinde bir tanesinden daha azı, gerçek anlamda tasalanmaya değer.

STRES, GERGİNLİĞE DÖNÜŞTÜĞÜNDE ZARARLIDIR

Daha önce bahsettiğim gibi, bazen stres olumlu bir kışkırtmacı ve güdülenme aracı olabilir. Ancak stres, yıkıcı da olabilir. Birleşik devletler'deki Johns Hopkins Hastanesi'nden Dr.G.Canby Robinson tarafından yapılan bir çalışmada, hastanede bulunan 174 hastadan 140 tanesinin kaygılanan kişiler olduğu ortaya çıkmıştır. Aynı zamanda, bunların yarısından çoğunun belirtilerinin (semptomlarının) nedeninin de stres olduğu anlaşılmıştır.

. Stres sürekli hale geldiğinde, gerilime dönüşür. Dr. Selye, insan vücudunun strese karşı üç aşamada tepki verdiğini açıklamaktadır: alarm, direnme ve tükenme. Bu aşamaları şöyle tanımlamaktadır:

Stres sürekli hale geldiğinde gerilime dönüşür.

Alarm aşamasında, vücudunuz stresin kaynağını farkeder ve savaşmaya veya kaçmaya hazırlanır.Bu,endokrin bezlerinden hormonlar salgılanmasıyla gerçekleşir.Bu hormonlar kalp atışlarında ve solunumda artışa yol açar, kan şekeri yükselir, nefes hızlanır, gözbebekleri büyür ve sindirim yavaşlar. Bu enerji patlamasını, savaşmada mı yoksa kaçmada mı harcayacağınıza ondan sonra karar verirsiniz.

Direnme aşamasında vücudunuz, varsa stresin yolaçtığı zararları onarır.Ancak stresnedeni ortadan kalkmazsa, vücut zararını onaramaz vetetikte kalmayı sürdürmekzorunda kalır.

Bu sizi üçüncü aşamaya, *tükenme aşamasına* iter. Eğer bu aşama yeteri kadar uzun süre devam ederse, migren, aritmi(kalp atışlarında düzensizlik),ve hatta zihinsel hastalık gibi, "stres hastalıkları" ndan birine yakalanabilirsiniz. Tükenme aşamasında sürekli strese maruz kalmak, vücudun enerjisini tüketir, ve hatta vücudun fonksiyonlarını durdurabilir. Dr. Selye'nin bilgilerine dayanarak, stresle başa çıkmanın en iyi yolunun ondan uzak durmak veya onunla hemen başa çıkmak olduğu görülür.

STRESİN IZDIRABA DÖNÜŞMESİNİ ÖNLEMEK

> Dünyanın bizim için strese neden olabilecek pek çok şeyle dolu olduğu, kötü haberdir. İyi haberse, onunla etkili biçimde başa çıkmayı öğrenebileceğimizdir.

Dünyanın bizim için strese neden olabilecek pekçok şeyle dolu olduğu, kötü haberdir.İyi aberse, onunla etkili biçimde başa çıkmayı öğrenebileceğimizdir. İşte size, stresin başarıyla üstesinden gelmenizde yardımcı olacak oniki strateji:

UYGUN BİR BAKIŞ AÇISI GELİŞTİRİN

Başkalarının duyduğu stresin çoğunu hissetmemeyi becerebilen insanların ortak bir özelliği, yaşam koşulları ne olursa olsun, uygun bir bakış açısını (perspektifi) koruyabilmeleridir. Earle Wilson bakış açısını, "Mevcut zamanı ve o anki olayları, arka plandaki daha büyük referanslara kıyasla görebilmek" olarak tanımlamıştır.

Şimdiye kadar gördüğüm, bakış açısı ile ilgili en iyi örneklerden biri, birkaç yıl önce okuduğum birşeydir. Kolej öğrencisi bir kızın annesine yazdığı bir mektuptur bu:

"Bir sömestrdir kolejde bulunduğum ve uzakta olduğum için, bu süre içinde neler olduğu konusunda sizleri bilgilendirme zamanımın geldiğini düşünüyorum. Koleje geldikten kısa bir süre sonra yurt hayatından sıkıldım ve oda arkadaşımın cüzdanından 10 dolar çaldım. Bu parayla bir Honda motosiklet kiraladım, ancak kolejden biraz uzakta bir telefon direğine çarptım. Bacağım kırıldı, ancak köşedeki apartmanda oturan genç bir tıp öğrencisi çocuk beni kurtardı.

Beni götürüp bacağımı iyileştirdi, bana baktı, sağlığıma kavuşmamı sağladı ve onun sayesinde yeniden ayağa kalktım. Bilmenizi istedik ki mümkün olan en kısa sürede evleniyoruz, zira kan tahlillerinde bazı sorunlarımız var, zira garip bir hastalık görünüp duruyor. Ancak yine de, bebeğin gelişinden önce evlenebilmeyi umuyoruz, bundan kısa bir süre sonra da seninle ve babamla birlikte yaşamak üzere eve dönüyoruz. Bebeği de beni sevmiş olduğunuz kadar seveceğinizi biliyorum, farklı bir dinden ve ırktan olsa dahi. Ama lütfen anlamaya çalışın. Geri dönüp orada kalmak zorunda oluşumuz, doktor arkadaşımın benim durumuma sarfettiği tüm dikkat yüzünden tıp öğrenimini bırakmak istemesinden kaynaklanıyor...

Anneciğim, gerçekte oda arkadaşımın cüzdanından 10 dolar filân çalmadım, Honda motosiklet de kiralamadım, telefon direğine çarpıp bacağımı da kırmadım. Genç bir doktorla filân da tanışmadım, evlenmiyorum da. Kaygılanacak hastalık, testler veya bebek de yok. Ne ben ne de o, seninle ve babamla birlikte yaşamak üzere eve dönmüyoruz.

Ancak, geometriden "D" ve jeolojiden "F" **alıyorum**, ve bu notları uygun bir bakış açısı içinde kabullenmeni istedim".

Bakış açısının yerini hiçbir şey tutamaz. Bir dahaki sefer ufak zorluklar karşısında stres duymaya başladığınızda, daha büyük resmi anımsamaya çalışın. Bu sizin, nesneleri olmalarından korktuğunuz şekilden ziyade, gerçekte oldukları şekilde görmenizde yardıcı olacaktır.

RİSKLERDEN KAÇMAKTAN VAZGEÇİN

İkinci bölümde riskten ve başarısızlığı yenmekten çokça bahsettik.Risk korkusu stresin enönemli kaynağı ve başarıya giden yolda karşılaşılan en büyük engel olmayı sürdürüyor. İşte size, Charles Swindoll'un risk hakkında söyledikleri:

Mutlak garanti diye birşey yoktur. Başarısız olması olanaksız plan da yoktur. Tamamen güvenilir tasarım da bulunmaz. Tamamen risksiz düzenlemeler de yoktur. Yaşam, bu kadar düzenli ve temiz olmayı reddeder...

Korkup kaçmak, mutlaka insanın başını derde sokar. Uçağa binen herkesin düşme riski vardır. Yürüyen herkesin tökezleme riski vardır. Kısacası yaşayan herkesin başına birşeyler gelmesi riski vardır.

Gülmek, aptal görünme riski taşır. Ağlamak, duygusal görünme riski taşır. Birine uzanmak, bulaşma riskini taşır. Duyguları açığa vurmak, gerçek kişiliğinizi ortaya çıkarma riski taşır. Sevmek, karşılığında sevilmeme riski taşır. Ümid etmek, üzülme riski taşır. Denemek, başaramama riski taşır.

> En iyiyi bekleyin, çoğu kez başınıza öylesi gelir.

Etkisizliğe giden enkısa yolu mu bilmek istiyorsunuz? Strese yenik düşün ve korkup kaçın.... Hiçbir şeyi göze almayın. Cesarete hayır ve ince eleyip, sık dokumaya evet deyin. En kötüsünü bekleyin...

Risk hakkında kaygılanmak, gerçekten etkisizliğe giden en kısa yoldur. Yaşam zaten risk olduğu için, riskten kaçmaktan vazgeçmeli ve onunla iyimser şekilde yüzleşmeliyiz. En kötüyü bekleyin, her sefer başınıza öylesi gelir. En iyiyi bekleyin, çoğu kez başınıza öylesi gelir.

GÜÇLÜ OLDUĞUNUZ ALANLARDA ÇALIŞIN

Güçlü oldukları alanlarda çalışan insanların, hata yaptıkları zamanda bile stres kurbanı olmaları olasılığı azdır.Bunun iyi bir örneğini görmek için, eski Amerikan futbolu oyuncusu Roger Staubach'a bakın. Dallas'ın Kovboylar takımında oynamaktayken, bir pas attığında ve karşı takım oyuncularından biri bunu kestiğinde ne tepki gösterdiğini kendisine sormuşlar. Yanıtı,"böyle (kesilen) bir pas attığımda,o topa yeniden dokunmak için sabırsızlanıyorum. Bir pas daha atmak için sabırsızlanıyorum".

"Ya ikinci bir kesme olursa?" diye sormuşlar.

"Daha da kötüleşiyor,(o zaman) o topu gerçekten atmak istiyorum", diye yanıtlamış Staubach.

Futbolu çok iyi oynadığı için, Staubach'ın zorluğa yanıtı stres değil, oyuna devam etmek için daha güçlü bir arzu olmuştu. Bu, güçlü oldukları alanlarda çalışan insanların ortak yanıtıdır.

> Yaşlandıkça kendi güç alanlarınızda daha çok çalışmaya çalışın. Böyle yaparsanız, muhtemelen stresten uzaklaşıp, başarıyı bulacaksınız.

Kendi güç alanlarınızın nerelerde olduğundan emin değilseniz, işte size bunları tanımanıza yardım edecek bir şey. Eğer hatalarınız kendinizi tehdit altında ve gergin hissetmenize yol açıyorsa,muhtemelen zayıflığınız olan bir alanda çalışıyorsunuz. Yaşlandıkça, kendi güç alanlarınızda daha çok çalışmaya çalışın. Böyle yaparsanız, muhtemelen stresten uzaklaşıp başarıyı bulacaksınız.

FARE YARIŞINDAN UZAK DURUN

Geçmiş yıllarda bazı insanlar, Birleşik Devletler'deki rekabetçi iş dünyasına "fare yarışı" adını verdiler. Tarif ettikleri, insanlar arasındaki yoğun, neredeyse mantık dışı bir rekabet mücadelesidir. Kişilerin birbiriyle kıyasıya yarıştığı, kişisel kazanımların ve edinilen zenginliğin neredeyse "skorunun tutulduğu" bir ortamdır bu. Fare yarışı hakkında, komedyen Lily Tomlin diyor ki,"Fare yarışı ile ilgili sorun, kazansanız dahi fare olduğunuzdur".

Bir insan, görüşünü gerçekleştirecek hedefler doğrultusunda çalışmak yerine bir fare yarışına girdiğinde, kendini gereksiz strese maruz bırakmaktadır. Bu insan ne kadar çok çalışırsa çalışsın, bir tatmin duygusuna ulaşması olanaksızdır, zira gereğinden fazla alanda yarışmaktadır. Ve hiçbir zaman "kazanamaz", zira sadece kişisel kazanım arzusuyla dürtülenen, hiçbir zaman tatmin olmaya yetecek kadar kazanamaz. *Herkimer Citizen* adlı bir dergide bir yazar, aklı hayvanlardan öğrenebileceğimizi yazıyor. Şöyle diyor,

"Bilindiği kadarıyla, şimdiye kadar hiçbir kuş komşusundan daha çok sayıda yuva yapmaya uğraşmadı; şimdiye kadar hiçbir tilki saklanacak tek bir deliği olduğu için üzülmedi; şimdiye kadar hiçbir sincap bir yerine iki kış yetecek kadar ceviz toplayıp saklayamadığı için endişeden ölmedi; ve hiçbir köpek yaşlılık yılları için birikmiş kemiği olmadığı gerçeği üzerine uykusuz geceler geçirmedi".

Çok çalışın. Hedeflerinize ulaşmak için gayret gösterin. Ancak bunu aileniz, sağlığınız veya arkadaşınız pahasına yapmayın.

Çok çalışın. Hedeflerinize ulaşmak için gayret gösterin. Ancak bunu aileniz, sağlığınız veya arkadaşınız pahasına yapmayın. Bu çeşit gözden çıkarmalara ve bunun getireceği strese değecek hiçbir şey yoktur.

AŞIRI YÜK YOLUNDAN AYRILIN

Çoğumuz, tarlasının ortasında durup şöyle diyen çiftçi gibiyiz: "İşe gitmeme ne gerek var, ben zaten onunla kuşatılmışım". Hepsiyle gerektiği şekilde ilgilenemeyecek noktaya gelinceye kadar, sorumluluk üstüne sorumluluk almaya devam ederiz. Bütün bunlar, strese neden olur.

> Bazen, en iyiyi yapabilmek uğruna, yalnızca iyi olandan vazgeçmemiz gerekir.

Bazen, daha fazla sorumluluk almayı bir kenara bırakıp, aşırı yük yolundan ayrılma gereksinimi duyarız.Eğer yeni şeyler denemeyi çok seven ve sürekli yeni görevler üstlenen insanlardansanız, periyodik olarak durup, bir yandan herşeyi yapıp, bir yandan da önemli olanı etkili şekilde yapamayacağınızı kendinize hatırlatın. Bazen, en iyiyi yapabilmek uğruna, yalnızca iyi olandan vazgeçmeniz gerekir.

GÜÇLÜ İNANÇLAR GELİŞTİRİN

Dr. Harold Dodds diyorki,"Yaşamın hızlı temposu değil, can sıkıntısı öldürür. İnsanları hasta ve mutsuz yapan, hiçbir şeyin değer olmadığı hissidir". Amaç ve yön eksikliği, yirminci yüzyılda salgın görünümündedir. İnsanlar artık neye inandıklarını bilmiyor. Çoğu, değerlerin yerini şüphelerle değiştirmiştir - inançları da duygusuzlukla.

Alman filozof Friedrich Nietzche, "Eğer bir ***neden*** imiz varsa, hemen her tür ***nasıl*** la anlaşmamız mümkündür" dediğinde, insanların inançlara olan gereksinimini farketmiştir. İnançlar bir insanın, yaşamda hemen her durumu cesaret ve asaletle karşılamasını sağlar. İnançlar ne denli köklüyse, kişi o kadar güçlüdür. Ve zorluklar karşısında stres duyması o denli az muhtemeldir.

Tanıdığım gerçekten başarılı her insan, güçlü kişisel inançlara sahiptir.Ben kendi hayatımdaki başarılarımı inançlarıma borçluyum-Tanrı'ya ve onun hayatım için sahibolduğu plana olan inancıma. Bu inanç, benim güdülenmemin ve gücümün kaynağı olmuştur. Bu aynı zamanda bana, yaşam koşuları içinde olumlu ve nisbeten stresten uzak kalmayı sürdürme olanağı sağlamıştır.

Siz de pekçok insan gibiyseniz,inançlarınızı belirlemekte güçlük çekiyor olmalısınız.Eğer durum buysa, güçlü inançları olan bir tanıdığınızla konuşun. O size bazı şeyleri halletmenizde yardımcı olabilir.

HAKLARINIZDAN VAZGEÇİN

Birleşik Devletler'in kuruluşunun bir bölümünü oluşturan kavramlardan biri, tüm insanların belirli vazgeçilmez hakları olduğu inancıydı. Bu muhteşem bir fikirdir, ancak maalesef pek çok Amerikalı sorumluluklarını kabullenmek yerine, hakları için mücadele etme sabit fikrine saplanmıştır. Haklarınız için savaşmanın, "hakkınız olan her şeyi elde etme" ye çalışmanın bir sorunu, büyük ölçüde stres ve duygusal yorgunluğa neden olmasıdır. Ne kadar çok çalışsanız da, her zaman her istediğinizi elde etme olanağınız olmayacaktır. Ve zihninizi haklarınız üzerine odaklaştırırsanız, şu beş yıkıcı duygu sizi bırakmaz:içten içe kızma, olumsuzluk, öfke, nefret ve korku.

> Vermek, büyük mutluluk getirebilir ve stresi büyük ölçüde azaltabilir.

Herhalde herkes,"Verme, almaktanevlâdır" cümlesini duymuştur. Bir çocuğa hediye vermiş herkes, bu cümlenin doğruluğunu bilir. Aynı şey, sizin haklarınıza gelindiğinde de doğru olabilir. Her zaman sizin istediğinizin gerçekleşmesiyle değil, bazen de haklarınızdan vazgeçerek sükûn bulmak mümkündür. Vermek, büyük mutluluk getirebilir ve stresi büyük ölçüde azaltabilir.

ZİHNİNİZİ YENİDEN PROGRAMLAYIN

Duygusal yönden yaşadıklarımızın çoğu, düşünme tarzımızın bir sonucudur. Stres de bu konuda bir istisna değildir. Duyduğumuz stres miktarı, düşünme tarzımızla doğrudan ilişkilidir. Ve düşünme tarzımız da zihnimize ne koyduğumuzun direkt sonucudur.

> Duygusal yönden yaşadıklarımızın çoğu, düşünme tarzımızın bir sonucudur.

Bilgisayar uzmanları, bir bilgisayardan alınan çıktıların, verilen girdilerin bir sonucu olduğunu bilir. Beyinlerimiz için de aynı husus geçerlidir. Çıktımız -söylediğimiz, düşündüğümüz ve yaptığımız- girdimizle -okuduğumuz, seyrettiğimiz, duyduğumuz ve gördüğümüzle- üretilir. Herbirimiz girdimizi seçeriz, ve temelde iki seçeneğimiz vardır: yaşamlarımızı anlamsız kılan,veya yaşamımıza denge katan unsurlar.

Korku dolu olan pek çok insan tanırım.Diğer insanlardan korkarlar. Hava karardıktan sonra kendi mahallelerinde dolaşmazlar. Pencerelerine demirler, kapılarına fazladan kilitler yerleştirirler. Yine de pek çoğunun kişisel olarak insanlarla ciddi sorunları (yaralanma, vb.) olmamıştır. Televizyonda gördükleri tüm olumsuz şeyler yüzünden korku duyarlar. Bu da, hayatlarının stres dolu olmasına yol açar.

> Beyniniz sürekli olarak programlanmaktadır. Ve zihninizin neye maruz kalacağını seçebilecek tek kişi sizsiniz.

Beyninizin sürekli olarak programlanma işleminden geçtiğinin bilincinde seçebilecek olun. Ve zihninizin neye maruz kalacağını seçebilecek tek kişi sizsiniz. Olumsuz, strese neden olan şeylerden uzak durun. Onun yerine, Paul the Apostle'ın, İncil'in 4:8bölümünde yer alan tavsiyesine uyun:"Gerçek ne ise, asil ne ise, doğru ne ise, saf olan ne ise, güzel olan ne ise, beğenilen ne ise -eğer herhangi bir şey mükemmel veya övgüye değerse-, bunları düşün".

DİKKATİNİZİ DIŞARIYA YOĞUNLAŞTIRIN

İkinci bölümde bahsettiğim gibi, dikkatlerini kendileri üzerinde toplayan insanların genelde cesareti kırılır. Bunun sonucu olarak da, stres yaşarlar. Kendinizi kendi dertlerinizle meşgulken yakalarsanız, diğer insanlara yardım ederek zaman geçirin.Başkalarına yardım ederken, genelde kendimizi iyileştiririz.

KONUŞACAK BİRİNİ BULUN

Genelde yaşadığımız stresin büyük bölümü, duygularımızı başkalarıyla paylaşmak yerine onları içimize atıp sakladığımız içindir. Doktorlar size, sürekli olarak ve yıllar boyu hislerini dışarı vurmak yerine içinde biriktiren bir insanın kalp krizine en iyi aday olduğunu söyleyecektir.

Bu çeşit stresten uzak kalmak için, hem sizi üzen şeyleri, hem de olumlu düşüncelerinizi konuşabileceğiniz bir ilişki geliştirin.Pek çok kişi için,konuşabilecekleri en uygun insan, eşleridir. Benim için de durum böyledir. Karım ve ben, her şey hakkında konuşuruz.Konuşacağınız kişiyi seçerken, kendisine karşı tamamen dürüst olabileceğiniz bir insan olmasına dikkat edin.Sizi yargılamayacak veya söylediklerinizi aleyhinizde asla kullanmayacak bir kişi olmalı.

STRESİ BOŞALTABİLMEK İÇİN BİR YOL BULUN

Hepimiz hayatımızdaki stresi azaltmak için birşeyler yaparız.Bunların bazıları sağlıklı ve olumlu, bazılarıysa değildir. Örneğin, benim stresi azaltma yollarımdan en hoşuma gideni, yemek yemektir.Ne yazık ki bu ***stresimi azaltma*** metodum yüzünden, şimdi de ***kilomu azaltmam*** gerekiyor!

Stres atmada kullandığım daha sağlıklı bir yol, golf oynamaktır. Bir golf topuna başlama vuruşu yapmadan önce, o topun üstüne bende en çok strese neden olan adamın adını yazar, topa da mümkün olduğunca sert vururum. Bir meslekdaşım da, tenis toplarına vurur. Diğerleri koşar veya uzun yürüyüşlere çıkarlar. Ne yapmayı seçtiğiniz önemli değildir, dışarı çıkıp onu yapmanız önemlidir. Yapmaktan gerçekten zevk duyduğunuz, eğlenceli birşey seçin.

* * *

Stres genelde, çok şey yapmaktan kaynaklanmaz.Genelde yaptığınız işler ve başınıza gelenler hakkındaki ***düşünme*** tarzınızdan ortaya çıkar. Stresle başa çıkmada yenen tarafın siz olması, ona nasıl davrandığınıza bağlıdır.Alexis Carroll'un dediği gibi, "Kaygılarıyla savaşmasını bilmeyen insanlar, erken ölür".

Stresi bekleyin - çünkü gelecektir. Düşünme tarzınızı ve alışkanlıklarınızı değiştirmeye başlayın. Elinizden geldiğinde, ondan uzak durun. Uzak duramadığınız zamanlar, ona karşı sağlıklı stratejiler kullanın. Stresin sizi başarıya ulaşmaktan alıkoyan,beklenmedik nakavt vuruşu olmasınaizin vermeyin.

BAŞARI STRATEJİLERİ İÇİN ALIŞTIRMALAR

1. Hayatın günlük problemleri sizi bir daha rahatsız etmeye başladığında ve sonuçta da stres duymaya başladığınızda, gönüllü olarak çalışabileceğiniz bir iş bulun. Hastanede yatan ümitsiz hastaları ziyaret edin, kimsesiz çocuklar yurduna oyuncak götürün, evsizleri doyurun veya düşkünler evini ziyaret edin.Dışarı çıkıp başkalarına yardım edin ve neler olduğunu görün. İlk isteksizlik korkunuzu yendikten sonra, bakış açınızın iyiye doğru geliştiğini göreceksiniz. Problemleriniz size eskisi kadar büyük görünmeyecektir.

2. Bu alıştırma iki bölümden oluşmaktadır:

   a. Eşinize veya yakın bir arkadaşınıza, sizinle oturup, size güçlü olduğunuz ve zayıf olduğunuz alanları belirlemenizde yardımcı olmasını söyleyin. Önce, düzenli olarakbelirli aralıklarla yaptığınız ancak sizi sinirlendiren, cesaretinizi kıran veya tehdit oluşturan beş görev yazın. İkinci olarak, sizi cesaretlendiren, mücadeleci yapan veya kendinize güveninizi artıran beş görev yazın. Eşinize veya yakın arkadaşınıza da, kendi gözlemlerine dayanarak aynı şeyi sizin için yapmasını söyleyin. Listeleri karşılaştırırken, açık fikirli olun. Ve eğer o kişi, ummadığınız zaafiyet alanları belirlemişse,savunmaya geçmeyin. Burada hedefiniz, zayıflıklarınızı veya güçlü olduğunuz hususları belirlemek veya irdelemektir.

   b. Daha öncekialıştırmalarda belirlediğiniz kuvvetlere veya zayıflıklara dayanarak, çalışma zamanınızın daha büyük kısmını güçlü olduğunuz alanlarda harcayabilme ve zayıf olduğunuz alanlardan gittikçe daha çok çekilme konusunda size yardımcı olacak bir planı yazılı olarak yapın.

3. İnançlarınızı belirlemek, tanımlamak ve yazmak üzere bir- iki saat ayırın.Bunlar sadece birkaç tane, veya bir düzine olabilir. İnandığınız temel kavramları yazmakla başlayın.Daha sonra sarsılmaz inançlarınıza kadar gelin.İşte size, inandığınız birşeyin, ne zaman inanç olarak tanımlanacağını anlamada yardımcı olacak iyi bir yol: İnanç, uğruna ölmeyi göze alabileceğiniz inanışlarınızdır.

4. Bir hafta boyunca, zihninize neler yerleştirmekte olduğunuzu dikkatle takibedin. Ufak bir deftere, duyduğunuzu, gördüğünüzü, okuduğunuzu, vb., harcanan zamanla birlikte yazın. Dinlediğiniz şarkıların isimlerini, seyrettiğiniz televizyon programlarının adını, dinlediğiniz konuşmaları, okuduğunuz kitap ve yazıları, vb. kaydetmek isteyebilirsiniz. Haftanın sonunda, her girişin yanına olumlu mu yoksa olumsuz etkisi mi olduğunu yazın. Hiçbir şeyi nötr (ne iyi, ne kötü) olarak işaretlemeyin. Enstrümantal müziğin bile üzerinizde yarattığı bir duygu vardır. Bazı müzik sizi yatıştırırken, bir diğeri asabi ve rahatsız yapabilir. Yüzdeleri hesaplayarak, kendinizi yeteri kadar olumlu malzemeyle doldurup doldurmadığınızı belirleyin.

5. Stresi azaltmak için halihazırda bir yönteminiz yoksa, bu hafta içinde bir tane bulmayı kararlaştırın. Aktif olduğu, enerji harcattığı ve zevkli olduğu sürece, uzun bir yürüyüşe çıkmayı, raket topu, tenis veya golf oynamayı, koşmayı, ağaç kesmeyi veya dart oynamayı deneyin. Bir kez bir aktivite veya aktiviteler keşfettiğinizde, önünüzdeki iki aylık süre içinde o faaliyeti en az haftada bir kez yapabileceğiniz şekilde programınızı ayarlayın.

İKİNCİ KISIM

BAŞARI DİĞERLERİ İLE DEVAM EDER

Yedinci Bölüm

Başarılı insan,

İLİŞKİLER

'e değer verir

Başarı formülünün en önemli tek bileşeni, insanlarla iyi geçinmeyi bilmektir.

-Theodore Roosevelt

Dünya yüzündeki herşeyden daha çok, insanlarla iyi ilişkiler kurma becerisine değer veririm.

-John D. Rockefeller

BAŞARI, DİĞERLERİNİ DE DAHİL ETMEK DEMEKTİR

Yakınlarda, 2000 den fazla işverene gönderdikleri bir anketin sonuçlarına şaşıran bir gurup öğretmen hakkında bir yazı okudum. Öğrencilere birhizmet olsun diye, şöyle bir soru sormuşlardı: "Lütfen işten çıkarılan son üç kişinin durumlarına bakarak, bize onların işten çıkarılma nedenlerini söyler misiniz?" Her üç durumdan ikisi için -çalışma alanına veya ülkenin hangi yöresi olduğuna bakılmaksızın- yanıt aynıydı: "Diğerleriyle geçinemedikleri için işlerine son verildi".

Büyük işler başaran işadamları, diğer insanların başarılarına olan katkılarının bilincindedir. Birleşik Devletler'deki büyük bir demiryolu taşıma şirketinin eski başkanı

A.H.Smith diyor ki, "Bir demiryolu, yüzde 95 insandan ve yüzde 5 demirden oluşur". Bu gözlem, diğer başarılı insanların bildiği ve çeşitli bilimsel çalışmaların kanıtladığı bir gerçeği yansıtmaktadır. Diğerleriyle ilişklerinizi nasıl yürüteceğinizi öğrenirseniz, hangi işte, alanda veya meslekte olursa olsun, başarıya giden yolun % 85 ini geride bırakmışsınız demektir. Ve kişisel mutluluğa giden yolun da % 99 u geride kalmıştır.Sonuç olarak,ilişkilerimiz bizi rezil de eder, vezir de. Eşimizle olan ilişkimizin niteliği, çocuklarımızla ilişkimizin nasıl olacağını belirler. Aile içi ilişkilerimiz, diğerleriyle olan ilişkilerimizin panoramasını çizer. Uzun vadede başarılı olan,ancak eşiyle başarılı ilişkiler içinde olmayan bir adama veya bir kadına hiç rastlamadım.

> Diğerleriyle ilişkilerinizi nasıl yürüteceğinizi öğrenirseniz, hangi işte, alanda veya meslekte olursa olsun, başarıya giden yolun %85'ini geride bırakmışsınız demektir. Ve kişisel mutluluğa giden yolun da %99'u geride kalmıştır.

> İlişkiler bizi rezil de eder, vezir de.

Aynı şekilde, birlikte çalıştığımız insanlarla, üstlerle ve astlarla olan ilişkilerimizin niteliği, iş hayatındaki başarımızdan veya başarısızlığımızdan büyük ölçüde sorumludur. Bir insanın, diğerleriyle olumlu ilişkiler kurmadan, istediğine ulaşmasını, dünyadaki bütün teknik uzmanlık ve beceriler dahi sağlayamaz.

Bu konuda şüpheleriniz varsa, aşağıdaki gerçekleri gözden geçirin. Amerikan iş dünyasında liderlik üzerine yapılan gerçek çalışmalarda kanıtlanmıştır ki..

1. Vasat bir yöneticinin, çalışma gününün dörtte üçünü üzerinde uğraşarak geçirdiği şey - insandır.
2. Pek çok işte en pahalı tek kalem - insandır.
3. Herhangi bir kuruluşun sahip olduğu en büyük ve en değerli kaynak - insandır.
4. Bir yöneticinin tüm tasarılarını gerçekleştiren -veya gerçekleştiremeyen - insandır.

Hayatta bir başarı timsali olmak istiyorsanız -hedefleriniz ve seçtiğiniz meslek ne olursa olsun- insanlarla olumlu ilişkiler geliştirmeyi öğrenmeniz gerekmektedir.

Hayatta bir başarı timsali olmak istiyorsanız - hedefleriniz ve seçtiğiniz meslek ne olursa olsun- insanlarla olumlu ilişkiler geliştirmeyi öğrenmeniz gerekmektedir.

İNSANLARLA İYİ İLİŞKİLER KURMA YOLLARI

Diğerleriyle iyi ilişkiler geliştirme becerisi bir sır olarak kalmamalıdır. Bazi kişler bu alanda istisnai içgüdülerle doğduğu halde, iyi insan ilişkileri, böyle sihirli yeteneklerle dünyaya gelen insanlarla sınırlı değildir. Pek çoğumuz için, bir insanı iyi ilişkiler kurmasına olanak veren yetenekler, sonradan öğrenilir. İşte size, olumlu insan ilişkileri geliştirmenizde yardımcı olacak on beş yol gösterici. Bunları, diğerleriyle iyi ilişkiler geliştirmede kullanınız.

DİKKAT YOĞUNLUĞUNUZU KENDİ ÜZERİNİZDEN KALDIRIN

Olumlu ilişkiler inşa etmek için her insanın atması gereken ilk adım, dikkat odağını kendi üzerinden çekmektir.

Diğerleriyle ilişkideyken dikkatlerini öncelikle kendi üzerlerinde toplayan insanlar, nadiren uzun vadede olumlu ilişkiler kurabilirler.Dikkatinizi başkaları üzerinde toplamaya başladığınızda, iyi ilişkilerin potansiyeli büyük ölçüde artar.

Dikkatinizi başkaları üzerinde toplamaya başladığınızda, iyi ilişkilerin potansiyeli büyük ölçüde artar.

ONLARA BÜYÜK ÖNEM VERİN

İlişkilerde -ve tüm bir yaşamın başarısında- anahtarlardan biri, benim en sevdiğim cümlelerden biriyle ifade edilmektedir: "İnsanlar ne kadar bildiğinize önem vermez, ta ki ne kadar önem verdiğinizi bilene dek". Dünyadaki hiçbir yetenek, hüner veya eğitim, samimi ve yürekten gelen ilginiz kadar başkasını etkileyemez. Gerçekte, bir insanın otorite olarak üstündeyseniz, önce ona karşı ilginizi göstermelisiniz; aksi takdirde onu olumlu biçimde etkilemeniz olasılığı oldukça sınırlıdır.İstatistikler bu kavramı destekleyici yöndedir.*Wall Street Journal*gazetesi yakın geçmişte, Telemetrics International adlı bir araştırma şirketinin bir çalışmasını yayınladı. 16,000 yönetici arasında yapılan bu araştırmada, "üstün başarılı" olarak belirlenen yüzde on üçlük kesim, ettikleri kâr oranı kadar insanlara karşı da ilgi duymaktaydı. İyi ilişkiler inşa etmek arzusundaysanız, öncelikle temasta bulunduğunuz insanlara ilgi duyun.

İnsanlar ne kadar bildiğinize önem vermez, ta ki ne kadar önem verdiğinizi bilene dek.

ONLAR HAKKINDA ÇOK ŞEY BİLİN

Onlar hakkında bir şeyler öğrenmeniz ve bunları hatırlamanız kadar insanlar üzerinde olumlu etkisi olan pek az şey vardır.İnsanlar hakkında çokşey bilmeniz onlara önem verdiğinizin olumlu bir göstergesidir, ve olumlu ve sürekli bir bağ oluşturur.

Buna tarihten eniyi örnek,NapolyonBonapart'ın, adamlarıyla nasıl etkileşimde bulunduğudur. Ordusundaki her subayı ismiyle bilirdi. Kampında dolaşırken, bir subayla karşılaştığında onu adıyla selâmlamaktan ve bu subayın katıldığını bildiği bir çarpışma veya bir manevra hakkında konuşmaktan hoşlanırdı.Bir askerin memleketi,karısı ve ailesi hakkında sorular sorma fırsatını hiç kaçırmazdı. Bunu yaptığında, İmparator'unun kendisi hakkında ne denli detaylı bilgiye sahip olduğunu görmek, adamı daima şaşırtırdı.

Her subayı, Napolyon'un -cümleleriyle ve sorularıyla kanıtlanan- kişisel ilgisini hissettiğinden, ona derin bir bağlılık duygusu taşırdı.

KENDİSİYLE KARŞILAŞTIĞINIZ HİÇBİR BİREYİN DEĞERİNİ KÜÇÜMSEMEYİN

Bir zamanlar,genç bir politikacının ilk kampanya konuşması hakkında bir öykü dinlemiştim. Diğerleri üzerinde etki bırakmaya pek hevesliydi, ancak konuşma salonuna geldiğinde bir tek dinleyicisinin bulunduğunu gördü. başkalarının da geleceğini umarak bekledi, ancak kimse gelmedi. Sonunda, yegâne dinleyicisine dönerek, "Bakın, ben bu işe daha yeni başlamakta olan genç bir politikacıyım. Sizce bu konuşmayı yapmalı mı, yoksa toplantıyı iptal mi etmeliyim?" diye sordu. Adam bir an düşünüp şöyle yanıtladı: "Efendim, ben sadece bir sığır bakıcısıyım. Yalnızca sığırdan anlarım.

Bir saman yükünü otlağa götürüp de tek bir sığırın geldiğini görürsem, tabii ki onu beslerim".

Pek çok kişi, bu genç politikacı gibi düşünür. Büyük etki yaratmak ister, ancak etkinin nasıl işlediğini yanlış anlarlar. Tek tek tanıştığımız insanlar üzerinde en büyük etkiyi bırakabiliriz. Ve hergün görüştüğümüz insanları dikkatten kaçırdığımızda veya onları gözardı ettiğimizde, diğerlerini etkileme konusunda önemli fırsatlar kaçırmamız olasıdır.

> Her insanı olumlu beklentilerle karşılayın, ve her karşılaşmanın olumlu sonuçlar vermesini bekleyin.

Her insanı olumlu beklentilerle karşılayın, ve her karşılaşmanın olumlu sonuçlar vermesini bekleyin. Herkese aynı önemi vererek davranın, böylece hiç kimseyi hiçbir zaman küçümsememiş olursunuz.

İNSANLARDAN ÇIKAR SAĞLAMAYIN

Görmekten nefret ettiğim şeylerden biri, diğerlerinden yararlanarak onların önüne geçmeye çalışan kişilerdir. Yanlış olmasının yanında, işe de yaramaz. Başkaları pahasına kendinizi ilerletmek, başarılı olduğunuzu sanmaktır. Uzun vadede hem sizi, hem başkalarını incitir.

> Başkaları pahasına kendinizi ilerletmek, başarılı olduğunuzu sanmaktır.

Başarıya ulaşma, zaman alanbir işlemdir.Aynı zamanda diğer insanları da kapsaması gereken bir işlemdir. Bir insan bir başkasından ne zaman yararlanmaya kalksa, gelecek için şanslarını azaltır. Yoluna çıkacak fırsatların sayısını azaltır, yolunda kendisine yardımcı olmayı isteyecek insanların sayısını azaltır.

İnsanlardan çıkar sağladığınızda, başarı için kestirmeden gitmektesinizdir. Ve bu da işe yaramaz. A.B.D. başkanı Dwight D.Eisenhower'in dediği gibi, "Zaferler ucuz fiyatlara alınamaz".

ÖĞÜTLER VEYA SEVAPLAR İSTEYİN

Diğerleriyle olumlu ilişkiler inşa etmenin en iyi yollarından biri, sizin için bir sürpriz olabilir: öğüt vermelerini, veya size karşı bir sevapta bulunmalarını isteyin. İnsanlar hünerlerini göstermeye bayılırlar ve güç veya otorite konumunda bulunarak size yardım edebilmek duygusu onlara zevk verir.

Örneğin, otobiyografisinde Ben Franklin, bir düşmanlığı hayat boyu dostluğa dönüştürmek için bir yardım istediğinden sözeder. 1736 yılında Franklin'in ismi, Genel Meclis katipliği için askıya çıkar. Franklin, bu adaylığı kazanacağından emindir, ancak karşısında çok güçlü bir aday bulunmaktadır. Franklin, ya bu adamın dostluğunu kazanması gerektiğini, ya da bu seçimi kaybedeceğini bilmektedir.

"Kütüphanesinde, çok az sayıda mevcudu bulunan bir kitabının olduğunu duymuştum",diye yazar Franklin otobiyografisinde, "ona bir not yazarak, o kitabı alabilme arzumu ve bana ödünç verme iyiliğini göstermesini rica ettiğimi belirttim".Adam bu taleple gururlanmış vemutlu olmuştu,Franklin'e kitabı ödünç olarak verdi ve onun en ateşli destekçilerinden biri haline geldi.

Öğütler ve sevaplar isteme konusunu açıklığa kavuşturmak için bir hususu belirtmem gerekir. İlişkilerin olumlu olması ve sağlıklı kalması için, karşılıklı yarar sağlaması gerekir. Bir insan hiç vermeden veya çok az vererek sürekli alamaz. Başkasından size yardımcı olmasını istemek genellikle iyi bir ilişki başlatmanın en iyi yoludur, ancak tek yaptığınız bu olursa, ilişki kalıcı olmaz.

DAİMA "MASAYA BİRŞEYLER KOYUN"

> En iyi ilişkiler, her iki tarafın da sürekli diğerinden birşeyler aldığı ilişkilerdir.

En iyi ilişkiler, her iki tarafın sürekli diğerinden bir şeyler aldığı ilişkilerdir.Eğer ilişkilerinizi lumlu kılmak arzusundaysanız, bir arkadaşınızla geldiğinizde masaya daima olumlu birşeyler getirmelisiniz.

Örneğin, düzenli olarak görüşmeye çalıştığınız pek çok tanıdığınız veya meslekdaşınız olabilir. Sadece işlerinizin nasıl gittiği hakkında kişisel bilgi alışverişi için toplanmak yeterliyse de, toplantılarınız için hazırlık yapar ve diğer kimse için bir şeyler getirirseniz, bir araya geldiğiniz zamanlar özellikle daha ödüllendirici olur. Bununla kasdettiğim, fikirler, iş fırsatları, kişisel gelişime, cesaretlendirmeye yönelik malzemeler, vb. dir. Hemen her şey olabilir. Arzuladığınız şey, diğerinin hedeflerine yardımcı olmalıdır.

İNSANLARIN HİSLERİNİ DİKKATE ALIN

İnsanlar, duygusal yaratıklardır. Rasyonel ve mantıklı olma arzumuza rağmen, gerçekleri hiçbir zaman gözden kaçırmamalıyız. İnsanlarla ilişkilerinizde başarılı olmak istiyorsanız, onların duygularını dikkate alın. Dr.Paul Baker'ın dediği gibi, "Mantıklarına başvurmak yerine, insanların duygularını kaydederek, onları daha başarılı şekilde idare edebilirsiniz".

Örneğin, bir çift terlik almak üzere ayakkabıcıya giden bir kadının öyküsü. Satıcı ona uyacak birşey bulabilmek için her yolu denemiş, ancak başarılı olamamıştı. Sonunda dedi ki, "Hanımefendi, size uygununu bulamıyorum. Bir ayağınız diğerinden daha büyük".

Öfkelenen kadın ayağa kalkarak, gitmeye hazırlandı. Konuşmayı duyan dükkan müdürü, kadını durdurdu. Satıcı onun, müşteriyi tekrar oturtup, kısa sürede ona bir çift ayakkabı satmasını seyretti.

Kadın gittikten sonra satış memuru, "Bunu nasıl başardınız?" diye dükkan müdürüne sordu. "Ben de ona sizin söylediğinizin aynısını söyledim, ama bana kızdı".

"Pek değil", diye açıkladı müdür, "Ben ona, bir ayağının diğerinden daha küçük olduğunu söyledim".

Müdür hanıma doğruyu söylemişti, ancak onun duygularını düşünerek ve ona bir zarafet ve saygıyla yaklaşarak bunu yapmıştı. Durumu kadının gözleriyle görmeyi başarmıştı. Sezebilme ve sonra diğer insanların duygularını saygıyla karşılama yeteneğinde büyük güç bulunmaktadır. Romancı Joseph Conrad'ın dediği gibi, "Bana doğru kelimeyi ve doğru aksanı verin, dünyayı yerinden oynatayım".

BAŞKALARINA YARDIM İÇİN TETİKTE OLUN

Birinci bölümde insan yaşamındaki hedefin, diğerlerine hizmet etmek olduğunu söyleyenAlbert Schweitzer'den alıntı yapmıştım.Hizmetin olumlu sonuçlarından biri, olumlu ilişkiler geliştirmektir. İnsanlar doğal olarak kendilerine yardım edene doğru cezbedilir. Çoğumuz iyiliğe iyilikle karşılık vermeyi arzularız. Diğerlerine hizmet edebilmek için fırsatlar ararsanız, daha tatmin edici bir yaşam sürer ve pek çok iyi ilişki geliştirirsiniz.

Hizmet sağlamanın bir başka pratik yönü daha vardır. Rekabetçi iş dünyasında genelde iyi hizmet, bir şirketi diğerinden ayıran yegâne niteliktir. Birleşik Devletler'in batısındaki büyük Nordstrom mağazasının dediği gibi, "Mağazalar arasındaki tek fark, müşterilerine davranma şekilleridir".

Ortalama bir müşterinin, bir işletmeden neden vazgeçtiğini tanımlayan aşağıdaki sayılara bakınız:

% 1 ölür,

% 3 taşınır,

% 5 diğer arkadaşlıklar nedeniyle gider,

% 9 daha iyi koşullar (genelde ucuz fiyat) nedeniyle gider,

% 14 üründen memnun kalmadığıiçin gider,

% 68 bir çalışanın kendilerine gösterdiği kayıtsızlık veya kötü tutum nedeniyle gider.

> Kaybettiğiniz her üç müşteriden ikisi, aldığı hizmetten memnun kalmadığı için gider.

Bu son istatistik, sizce de kayda değer değil midir? Kaybettiğiniz her üç müşteriden ikisi, aldığı hizmetten memnun kalmadığı için gider. Bunun da doğal sonucu, işinizde uygulayabileceğini en büyük olumlu etkinin, yalnızca sağladığınız hizmeti daha da iyileştirmek olduğudur. Olumlu hizmet, olumlu ilişkiler inşa etmede yardımcı olur.

İYİ BİR DİNLEYİCİ OLUN

Özellikle ilişkiler inşa etmede başarılı insanların ortak özelliklerinden biri, başkası konuşurken onu dikkatle dinleme yeteneklerinin olmasıdır. Sonuçta, iyi bir dinleyiciyle zaman geçirmekten hoşlanmayan birini tanır mısınız?

İyi bir dinleyici olabilmenin anahtarlarından biri, diğerini kendisi hakkında konuşmaya teşvik etmektir. Genelde bunun için sadece iyi yöneltilmiş bir-iki soru yeterlidir. Nazik, ancak ısrarlıysanız, en az konuşan insanı dahi kendisi hakkında konuşmaya ikna edebilirsiniz.

KARŞINIZDAKİ İNSANIN ÇIKARI DOĞRULTUSUNDA KONUŞUN

Bir ilişki başlatmaya çalışırken insanların yaptığı en yaygın hatalardan biri, diğer kişinin ilgisini kendileri üzerinde toplamaya çalışmaktır. Diğerinin ilginç bulacağı bir konu yakalamak umuduyla, bir ilgi veya isteklerinden öbürüne geçerek konuşmaya çalışırlar. Bunu yapanlar herşeyi tersinden ele alanlardır.

> Bir ilişkiyi başlatırken kullanılabilecek en iyi stratejilerden biri, dikkatinizi diğerinin ilgi alanları üzerinde toplamaktır.

Bir ilişkiyi başlatırken kullanılabilecek en iyi stratejilerden biri, dikkatinizi diğerinin ilgi alanları üzerinde toplamaktır. Eğer sezgileriniz güçlüyse, genelde neredeyse bir anda o kişinin merakları hakkında birşeyler öğrenebilirsiniz. Birinin evinde veya bürosundayken, onun hobilerini ve meraklarını duvardaki resimlere bakarak, sahip oldukları kupalara ve anılara dikkat ederek veya orada bulunan kitaplara göz atarak keşfetmeye çalışın. Bir şey gözünüze çarpacaktır. Eğer merakları size yabancıysa,bu konuyu konuşarak öğrenme fırsatını kaçırmayın. Eğer sizin de bu alanda meraklarınız varsa, konuşmadan alacağınız zevk de iki katına çıkacaktır.

DİĞER KİŞİNİN KENDİSİNİ ÖNEMLİ HİSSETMESİNİ SAĞLAYIN

> Dünyada hiçbir şey insanlar kadar önemli değildir.

Birinci bölümde, diğerlerine iyi muamele etmenin ve onların kendilerini önemli hissetmelerini sağlamanın, olumlu düşünceler beslemenin bir parçası olduğundan söz etmiştim. Sadece, dünyada hiçbir şeyin insanlar kadar önemli olmadığını hatırlayın. Başkasına övgü ve saygı göstermenin, onun kendisini önemli addetmesini sağlamanın bize hiçbir maliyeti bulunmaz, ancak bu başkasına muhteşem şeyler yapar. Bunun size sağlayacağı ek fayda da, o kişiyle iyi bir ilişki kurmanıza yaramasıdır.

GÜVENİLİR VE TUTARLI OLUN

> İnsanlar sizin görüşünüze veya ürünlerinize inanmadan önce, size inanmalıdır.

Bir insanın,kendisine duyulan güveni boşa çıkarması kadar bir dostluğu hızla ve derinden yaralayan başka pek az şey vardır. Birisi tutarsızsa, söyledikleri yaptıkları ile çelişiyorsa böyle bir durum ortaya çıkar. Birisi bilerek veya bilmeyerek, sorumluluklarını yerine getirmeyip, güvenilirliğini yitirdiğinde de böyle olur.

Kaybedilen güvenilirlik dostluğu zedelemekle kalmaz, iş ilişkilerini de yıkar. İnsanlar sizin görüşünüze veya ürünlerinize inanmadan önce, size inanmalıdır. Diğer insanlar size güvenemediği zaman, onlarla ortaya çıkacak fırsatlar da çabucak yokolur.

KAVGALARDAN UZAK DURUN

İnsanlar arasında tartışma olarak adlandırdığımız fikir alış-verişi, sağlıklı ve yararlıdır.Diğer yandan kavgalar, hiçbir zaman faydalı olamaz. Aradaki fark nedir? Kavgalar, başka birinin görüş açısını değiştirmek üzere yapılır ve zor kullanmaya dayalıdır. Her zaman birinin "kazanması" ve diğerinin "kaybetmesi" ile noktalanır. Tartışma, ilgili herkes için en uygun çözümün benimsenmesi amacıyla fikir alışverişi yapmaktır. İki taraflı bir kazanım yaratma hamlesidir.

Kavgalar her zaman bir çeşit zarara yolaçar. Kavgayı "kazansanız" bile, diğer insanla ilişkinizi tahrip edebilirsiniz. Bir dahaki sefer, kendinizi bir başkasıyla fikir ayrılığına düşmüş bulduğunuzda, anlaşmazlığı çözerken ilişkinizi de pekiştirmek için aşağıdaki yol göstericileri takibedin.

1. **Anlaşmazlığı buyur edin.**Şu sloganı hatırlayın, "İki ortak her zaman aynı fikirdeyse, birisi gereksizdir". Sizin aklınıza gelmeyen bir husus varsa, bunun sizin dikkatinize sunulmasını şükranla karşılayın. Belki bu anlaşmazlık, ciddi bir hata yapmadan önce ortaya çıkan bir düzeltme fırsatıdır.

2. **Kendinizi savunma amacıyla oluşan ilk tepkinize inanmayın.** Fikir ayrılığına düştüğümüz ortamlarda ilk doğal tepkimiz, savunmaya geçmektir. Dikkatli olun. Hemen savunmaya geçtiğinizde ve kendinizi haklı göstermeye başladığınızda, genelde daha sonra konumunuzu değiştirmek çok zorlaşır. Aynı zamanda, kendinizi karşınızdakinin fikirlerinden yararlanmaktan mahrum bırakırsınız. Sakin olun, ve ilk tepkinizi denetim altında bulundurun.

3. **Hiddetlenmeyin.** Hiddetlenmek iletişimi kolaylaştırmaz, her zaman zorlaştırır. Unutmayın, bir adamın büyüklüğünü, öfkelendiği hususların çapına bakarak ölçebilirsiniz.

4. **Önce dinleyin.** Karşınızdakine konuşması için bir şans tanıyın. Lâfını bitirmesine izin verin. Direnmeyin, savunmayın ve tartışmayın. Bunlar sadece iletişimin önüne set çeker. Siz, anlayış köprüleri kurmaya çalışın. Daha yüksek anlaşmazlık engelleri oluşturmayın.

5. **Fikir birliği alanları arayın.** Onu sonuna kadar dinledikten sonra, öncelikle aynı fikirde olduğunuz alanlar üzerinde durun. Bu, ikiniz için de yararlı olabilecek bir çözüm üretmede size gerekli yakınlığı ve ortak zemini pekiştirir.Ve, mümkün olduğunca uyumlu ve esnek olun. Thomas Jefferson'un dediği gibi, "Prensip sözkonusu olduğunda, kaya gibi durun;zevkler sözkonusu olduğunda, akıntıya kapılıp yüzün".

6. **Dürüst olun.** Hatalı olduğunuzu itiraf edebileceğiniz hususlar arayın ve karşınızdakine bunu belirtin. Yanlışlarınız için özür dileyin. Bu onun silahsızlanmasını sağlayacak, aynı zamanda korunmasızlık hissini de azaltacaktır. Diğer yandan, ikiniz için de yararlı olacak bir çözüme varabilme nihai hedefinize doğru, zarif bir çözüm bulmuş olacaksınız.

7. **Tekrar düşünmeye söz verin ve fikirlerini dikkatle inceleyin.** Ona kendi bakış açısını da gözden geçireceğinizi söyleyin ve bunu daha sonra gerçekleştirin. Haklı olabilir. Onun fikirlerini gözardı edip, sonuçta bir sorunla karşılaşıp, sonra da ona, "ben ona anlatmaya çalıştım, ama dinlemedi", dedirtmek istemezsiniz.

8. **İlgisine içten teşekkür edin.** Birinin sizinle fikir ayrılığına düşme zahmetine katlanması, sizinle aynı şeylere ilgi duyması demektir.Onun gerçekten yardım etmeye çalışan biri olduğunu tahayyül edin, bu tutumunuz onu bir arkadaşa dönüştürecektir.

9. **Harekete geçmeyi, sorun hakkında ikinizin de düşünmesini sağlayacak zaman sağlamak üzere,erteleyin.**Aynı gün içinde veya ertesi gün, ortaya

çıkan tüm gerçeklerin göz önünde bulundurulabileceği yeni bir görüşme yapmayı teklif edin.Bu toplantıya hazırlanırken, kendinize bazı zor sorular sorun. Unutmayın,amacınız iki galip yaratmaktır,sadece bir değil.

Bu dokuz yol gösterici, sadece iyi teknikler sunmakla kalmaz. Unutmayın, bilgeliğin büyük kısmı, ne zaman hatalı olduğunu itiraf etmektir. Ancak bunu hiçbir zaman başkalarından istemeyin.Birini, bakış açısını değiştirmeye ikna etme yolunda çaba harcıyorsanız, ona azami incelikle ve dikkatle yaklaşın.Önce, konumunu gerçekten değiştirmesi gerektiğini anlarsa, "hasmınızın"gücenmemesi için bir"kaçış yolu" temin edin. Şimdi sunmakta olduğunuz bilgilerle karşılaşana dek; birisi size daha iyi bir yol gösterene dek; veya durum size başka bir ışık altında sunulana dek, sizin de onun gibi düşündüğünüzü anlatıp, tezinizi ona sunun. Ona zeki insanların, itibarlarını koruyarak da fikirlerini değiştirebileceğini kabul ettiğinizi duyurun.

Sonra, mümkün olduğunca bunun kendi fikri olduğuna inanmasında ona yardım edin. İletmeye çalıştığınız hususla aynı doğrultudaki sözlerini tekrarlayın. Onun inanmakta olduğu her ne kanıtınız varsa, onlardan da bahsedin. Bunların, onun deneyimlerine ne kadar uyduğunu, geçmişte olmasa bile şimdi koşulların konum değiştirmeyi nasıl gerektirdiğini söyleyin.

Son olarak, mümkünse kişinin kendi kendisini ikna etmesine izin verin. Ve onun fikrini değiştirmesine katkıda bulunduğunuzu hiç söylemeyin. Zira bu onun, ikinizin de kazançlı çıktığını hissetmek yerine, kendi pahasına sizin kazandığınızı hissetmesine yol açacaktır.

İNSANLARI İNCELEYİN

Diğerleriyle olumlu ilişkiler geliştirme, aslında gelip tek bir noktaya dayanır: İnsanları inceleyen bir öğrenci olmalısınız. Eğer insanların korkularını, ümitlerini ve hayallerini gerçekten anlayabiliyorsanız, bu ilişkileri kurma yeteneğine sahipsiniz demektir. İnsanlarla konuşun. Yüreklerinde taşıdıkları hayalleri dinleyin. Onları seyredin. Nasıl düşündüklerini öğrenin. Kitap okuyup kaset dinleyin; diğer insanların bilgeliklerinden neler toplayabilirseniz toplayın - ancak onların arasına girerek onlar hakkında bir şeyler öğrenmeyi de ihmal etmeyin. Bu bir akademik çalışma değil, bir yaşam biçimidir.JoeMcCarthy adında profesyonel bir beyzbol oyuncusunun, insanları inceleyen ne mükemmel bir öğrenci olduğu üzerine bir öykü vardır. McCarthy, New York'un Yankees takımının en başarılı yıllarında antrenörlüğünü yaptığı sırada, daha düşük düzeydeki bir takımdan, Yankees'e getirilmesi düşünülen bir antrenörle bir mülakat yapar.

> Diğerleriyle olumlu ilişkiler geliştirme, aslında gelip tek bir noktaya dayanır: insanları inceleyen bir öğrenci olmalısınız.

"Psikolojiden ne kadar anlarsınız?" diye sorar McCarthy.

Antrenör, kolejde ders olarak gördüğünü söyler.

"Yani iyi olduğuzu düşünüyorsunuz", der McCarthy.

Antrenör yanıtlar: "Ne kadar iyi olduğumu bilmiyorum, ama ders olarak okudum".

"Pekalâ", der McCarthy, "Sizi bir sınavdan geçireyim".

McCarthy, birkaç yıl önce bir sorunla karşılaşıp, oyuncularından Frankie Crosetti'ye gider.

"Frank", der McCarthy, "ön saf oyuncusu Lou Gehrig'in oyunu beni tatmin etmiyor. Oyuna hiç kendini veremiyor. Bana yardımcı olmanı istiyorum. Bundan sonra yere düşen her topa hamle yap. Yakaladığında, onu hemen bütün kuvvetinle kendisine at. Yapabilirsen, Gehrig'i yere düşür. Vahşice bile atabilirsin, ama çabuk ve onun için yakalaması zor şekilde at".

Crosetti McCarthy'nin dediklerine karşı çıkarak, "Belki Lou bu fikirden memnun kalmayabilir" der.

"Gehrig'in nelerden hoşlandığı kimin umurunda?" diye atılır McCarthy, "Sen yalnızca dediğimi yap".

McCarthy sonra yeni antrenöre der ki: "Öykü böyle. Bundan çıkardığınız sonuçlar nedir?"

Antrenör biraz düşünüp, yanıtlar: "Sanırım Gehrig'i canlandırmaya çalışıyordunuz".

"Gördünüz mü?" diye McCarthy teslimiyetle omuz silker: "Ne kastettiğimi tamamen gözden kaçırdınız. Gehrig'in bir hatası yoktu. Uyuklayan, Crosetti idi. Ben, Crosetti'yi uyandırmak istemiştim".

* * *

Başarılı insan, iyi ilişkilerin değerini bilir. Hedeflerine ulaşma, görüşünü sürdürebilme yeteneği etrafındaki insanlara büyük ölçüde bağlıdır. Tek başına tabii ki herşeyi yapamaz. Yapabilse bile bunu istemez. En çekingen veya en yıpratıcı insan dahi değişerek olumlu ilişkiler geliştirmeyi başarabilir. Benim tarihte en sevdiğim, başlangıçta insanlarla arası iyi olmayan ancak daha sonra ilişkilerini

En çekingen veya en yıpratıcı insan dahi değişerek olumlu ilişkiler geliştirmeyi başarabilir.

iyileştiren örneklerden biri, Benjamin Franklin'dir. Şaşırtıcı ölçüde başarılı bir insandı. Filadelfiya kentinin ışıklandırmasını ve asfaltlamasını iyileştirmede ve ülkenin ilk yangın söndürme teşkilatının kurulmasında ve ilk kütüphanesinin,Amerikan Felsefe Derneği'nin, daha sonraları Pensilvanya Üniversitesi'ne dönüşecek akademinin,Amerika'nın ilk halk hastanesinin ve daha pek çok kurum veya kuruluşun oluşturulmasında ülkesi insanlarını ikna etmişti. Ayrıca Fransa'yı, İngiltere'ye karşı sürdürdükleri Devrim Savaşı'nda gereksinimleri olan yardımı kolonilere vermeye de ikna etmişti.

Franklin insanların nasıl etkilendiğini biliyordu, ancak bu kendisi için her zaman geçerli olmuyordu. Franklin, aynı mezhepten (Quaker) bir arkadaşı onu kenara çekip insan ilişkileri hakkında ona bir söylev verene dek, katı kuralcı ve saldırgandı.Sonraları Franklin şöyle diyordu:"Tüm doğrudan çelişmeleri başkalarının duygularından, tüm olumlu sonuçları da kendiminkilerden kaynaklandırmayı bir kural haline getirmiştim". "Mutlaka" ve "kuşkusuz" yerine, "hayal ediyorum" ve "bana öyle görünüyor" demeye başladı. Diğer kişinin bakış açısını açık fikirlilikle dinledi. Dediğine göre, bu nedenle halkla ilgili konularda bu kadar etkin oldu. Aynı zamanda kendi önemini önemsemez göründü. Franklin bir eğitim akademisi kurmak istediğinde, diğerlerinin "kendi fikri" etrafında dolaşmalarını talep etmedi. Projeyi, "halkı düşünen bazı efendiler"in ortak çabası olarak duyurdu. "Kendimi halka onların yararına düşünülmüş herhangi bir konunun yazarı olarak takdim etme" fikrinden her zaman kaçındı.

Franklin, insanları gerçekten anlardı. Pensilvanya'nın kuzeybatı cephesi savunmasından sorumlu olduğunda, askerlerin ayinlere düzenli olarak katılmadığından yakınan bir din adamı bulunuyordu. Franklin zamanında pek çok subay, katılmayanları cezalandırırdı. Ancak o, böyle yapmadı.

Rahibe, askerlere verilen günlük romu (içki) kendisinin dağıtmasını ve bunu sadece günlük duadan hemen sonra yapmasını önerdi."O zamana kadar", diyordu Franklin, "dualara bu kadar çok ve tam saatinde gelen olmamıştı".

İlişkiler geliştirmede doğal yetenekleri olmayan biriyseniz, ümitsizliğe kapılmayın. Becerilerinizi geliştirmeye çalışın. Diğerleriyle birlikte çalışma konusunda mevcut yeteneğiniz varsa, becerilerinize ince ayarlar yapın. başarınız, neredeyse sınırsızdır.

BAŞARI STRATEJİLERİ İÇİN ALIŞTIRMALAR

1. Her hafta, daha iyi tanıyabilmek üzere bir kişi seçin. Birlikte çalıştığınız, sosyal ortamda beraber olduğunuz, ibadet ettiğiniz, vb. birisi olabilir. O insanla birlikte yürümeye zaman ayırın. Onu size kendinden bahsetmesi için cesaretlendirin. Sonra da bu bilgiyi hatırlayabilmek için ne gerekirse yapın. Daha sonra bu kişiyi gördüğünüzde onun hakkında bildiklerinize dayanarak, içten gelen sorular sorun.

2. Biraz zaman ayırarak, ilerlemenizi diğer insanları kullanarak gerçekleştirip gerçekleştirmediğinizi düşünün. Eğer öyleyse, istismar ettiğiniz kişiye gidip, ilişkiyi onarmaya çalışın: özür dileyin, geri vermeyi teklif edin, karşılıklı yarar sağlayacak şekilde etkileşiminizi değiştirin ve aynı hatayı tekrarlamamaya kararlı olun.

3. Tanışmayı arzuladığınız veya bir iş ilişkisi kurmak istediğiniz birini seçin. Aşağıdaki stratejilerden birini seçerek, bu kişiyle bir ilişki başlatmaya çalışın:

   a. Ona akıl danışın.

   b. Ondan bir iyilik isteyin.

c. Onun ilgi alanlarını öğrenerek, o alanda biraz bilgi toplayın ve sonra onunla sadece bu alanda konuşmayı hedefleyerek ilk kez görüşün.

4. Bir dahaki sefer bir arkadaşınızla veya meslekdaşınızla bir araya gelmeyi planladığınızda, görüşmeden önce "masaya birşey(ler) koymayı" tasarlayın. Onun hoşlanacağını bildiğiniz bir kitap veya kaset satın alın. Onu, bildiğiniz iyi bir iş fırsatıyla veya insanla tanıştırmayı tasarlayın. Yaratıcı olun.

5. Bir "İnsan Defteri" yaratarak, insanlar hakkında eğitim gören bir öğrenci haline gelin. Her günün sonunda, o gün boyunca karşılaştığınız birisi hakkında veya deneyimlerinize dayanarak, genelde insanlar üzerine bir gözlem yazmaya çalışın. Buna ek olarak, insanlar hakkında duyduğunuz veya okuduğunuz, sizce anlaşılmaz deyişler varsa onları da kaydedin. Her ayın sonunda, deyişlerinizi gözden geçirin. Gözlemlerinizde şekiller arayın ve bu gözlemlerden, insanlar hakkında gerçekler çıkarın. Daha sonra, özellikle iyi olan deyişleri ilerde kullanmak üzere saklayın. Yıl sonunda defteri yeniden gözden geçirin.

Sekizinci Bölüm

Başarılı insan,

İLETİŞİM BECERİLERİ

geliştirir

İletişimde büyük mücadele, sizi dinlemekte olanların aklını, geçmişini ve düşünme yöntemlerini anlamaktır. Bunları bilirseniz, pek çok "iletişim tıkanıklığı" ndan uzak kalabilirsiniz.

-Wayne Pennington

Her kişiye kulağını ver, ancak pek azına sesini.

-William Shakespeare (Hamlet)

Bundan önceki bölümde, bir insanın başarıya ulaşmasında iyi ilişkiler kurmanın öneminden bahsettim. Gerçek başarıya, diğer insanlarla ilişkiler olmadan ulaşılamaz. Ancak bu ilişkilerin nereye kadar gidebildiğinin ve ne kadar derin olabildiğinin de iletişim

> Evliliğinizin, işinizin ve diğerleriyle ilişkilerinizin başarısı, büyük ölçüde sizin iletişim yeteneğinize dayalıdır.

sayesinde belirlendiği doğrudur.Evliliğinizin,işinizin ve diğerleriyle ilişkilerinizin başarısı, büyük ölçüde sizin iletişim yeteneğinize dayalıdır.

İLETİŞİM HAKKINDA TEMEL BİLGİLER

*Webster Sözlüğü, **iletişim*** kelimesini şöyle tanımlamaktadır:"Konuşma, hareketler veya yazı ile bilgi,işaret veya mesaj vererek bilgi iletimi veya değişimi". Bu tanım, iletişimi tek yönlü bir işlem olarak ortaya çıkarmaktadır. Ancak değildir. İletişim, yalnızca bir mesajın gönderilmesi değildir. İki insan arasında karşılıklı etkileşimi de kapsar. İletişimin etkili olması için, her iki insanın da sürekli sözlü ve sözsüz, bilgi veriyor ve alıyor olması gerekir. Ve sağlıklı bir iletişim, bambaşka bir düzeye varabilir. Bir insan, diğerinin ne hissettiğini o anda yaşayabilme ve ona bu hususta hak verebilme yeteneğine sahip olabilir.

İnsanlar arasında iletişim iki yönlü gerçekleşmezse ne olabileceği üzerine bir örnek vermeme izin verin. Birleşik Devletler'deki Bell Telefon Laboratuvarları'nda bir bilim adamı, bir iletişim deneyi gerçekleştirdi. Üç grup insan oluşturdu. Her grupta, diğeriyle iletişim kuracak çiftler belirledi. Her çifte bir takım domino verilerek, A kişisinin domino taşlarının tümü yerleştirilirken, B kişisininkiler dağınık bırakıldı. Amaç, A kişisinin B kişisine, dominolarını her iki takım da aynı olacak şekilde yerleştirmesini anlatmasıydı. Ancak her grubun belli kısıtlamaları bulunmaktaydı:

Grup 1: Tüm A'lar B'lerle konuşabiliyor, ancak B'lere yanıt verme olanağı tanınmıyordu.Deneyin sonunda,bu grptaki B'lerin hiçbiri, taşları doğru şekilde yerleştirememişti.

Grup 2: B'ler A'lara yanıt veremiyor, ancak bir zile basarak A'lardan dediklerini tekrarlamalarını isteyebiliyorlardı.

Deneyin sonunda, bu gruptaki B'lerin bazıları doğru yerleşimi bulmuştu.

Grup 3: Bu gruptaki A'lar ve B'ler birbirleriyle serbestçe iki yönlü iletişim halinde konuşabiliyorlardı. Deney tamamlandığında, her bir B, yerleşimi doğru olarak tamamlamıştı.

İki insan iletişime her girdiğinde, pek çok şey olabilir. İşte bir insan diğerine hitaben konuştuğunda gönderilebilecek olası mesajlardan bazıları:

1. Konuşanın ne söylemek istediği.
2. Konuşanın gerçekte ne söylediği.
3. Konuşanın söylediğinden ne anlaşıldığı.
4. Dinleyenin ne duymak istediği.
5. Dinleyenin gerçekte ne duyduğu.

Ve bir kişinin söylediği her cümle veya cümleler grubu için tüm bu olasılıklar mevcuttur. Yanlış anlama olasılığı gayet büyüktür.

Durumu daha da ilginç hale getiren, aynı zamanda dinleyenin de konuşana sözlü ve sözsüz mesajlar göndermekte olduğudur.Bunlar da sırasıyla doğru anlaşılabilir, yanlış anlaşılabilir veyadikkate alınmaz.Tümüyle çok karmaşık bir işlem olabilir.

Amerikan İç Savaş kahramanı, daha sonra Birleşik Devletler başkanı olan General Ulysses S.Grant, iletişim amacıyla yapılan bir hamlenin ne denli yanlış anlaşılabileceğini anlamıştı. Her zaman odasının hemen dışında, özellikle basit düşünceli bir asker bekletirdi. Bir emir vermeden önce, onu bu genç adama okurdu.Eğer o anlamışsa, general emri gönderirdi. Anlamamışsa, Grant masasına dönerek bunu basitleştirir veya açardı.

OLUMLU VE BİREBİR İLETİŞİM BECERİLERİ GELİŞTİRİN

Bazı insanlar iletişim konusunda doğuştan yeteneklidir. Hemen herkesle hemen her konuda etkili iletişimde bulunabilir görünürler. Diğerleri içinse yanlış iletişim, istisnadan ziyade alışılmış durumdur. İletişim beceriniz ne düzeyde olursa olsun, daha da iyileştirilebilir. Aşağıdaki yol göstericileri, başka birisiyle iletişimleriniz konusunda bazı önemli şeyler öğrenmede (veya hatırlamada) kullanınız:

KONUŞMAYI KESİN!

İletişimde insanların en sık karşılaştığı zorluk,diğer kişiye konuşma fırsatı tanıyacak kadar uzun bir süre sessiz kalmamalarıdır. Sürekli konuşursanız, dinleyemezsiniz. Şu eski deyişi hatırlayın: Tanrı bize iki kulak, bir ağız vermiş. Bunu yaparken de bir nedeni varmış. Sohbetlerinizde sürekli konuşmaların yarısından çoğunu sizin yaptığınızı farkederseniz, muhtemelen fazla konuşmaktasınız demektir. Eğer bir hizmet veya satış mesleğindeyseniz, toplam görüşme süresinin yarısından da azında konuşmanız gerekir. Bir önceki bölümde bahsedildiği gibi, karşınızdakinin ilgi ve gereksinimleri üzerinde yoğunlaşmaya çalışmalısınız.

Zamanınızın çoğunu konuşmak yerine dinlemeye ayırmayı öğrenmek, önceleri zordur. Alışkanlık haline dönüştürülmesi gereken bir beceridir. Ancak sizi iyi bir iletişimci yapabilme yolunda çok işe yarayacak bir alışkanlıktır.

KARŞINIZDAKİNİ RAHATLATIN

Bir insan gergin olduğunda, onunla iletişim kurmanın çok zorlaştığını görürsünüz. O, söylemeye çalıştığınız şey üzerinde yoğunlaşmak yerine, zihnen kendi korkularıyla meşgul olacaktır. Ve konuşmaya da yanaşmayacaktır.

Birisiyle konuşmaya hazırlanırken, eğer o kişi özellikle iyi tanımadığınız biriyse veya tanıdığınız, genelde gergin veya çekingen biriyse, rahat olup olmadığını anlamaya çalışın. Gözlerini takibedin. Göz göze gelmekten kaçınmak veya boş bakışlar, genelde o kişinin gergin veya çekingen olduğuna işarettir. Bazı vücut hareketleri de kişinin gergin olduğunu ortaya koyabilir: kavuşturulmuş kollar, kıpırdanma, sıkılmış dişler, fazla sert bir duruş, konuşan kişiden uzağa doğru eğilme, vb.Rahat olmayan insanlar,konuşmaya da istekli olmaz. Sorulara çok kısa yanıtlar verme eğilimindedirler.

Konuşmak istediğiniz kişinin gergin veya çekingen olduğunu keşfettiğinizde, onu rahatlatmazsanız iletişim yeteneğiniz sınırlı olacaktır. Önce dostça davranarak gülümseyin. Hiçbir şey bir insanı daha çabuk rahatlatamaz. Sonra, iyi bir evsahib(es)i olun. O kişiye oturacak rahat bir yer gösterin. Uygunsa, ona yiyecek veya içecek birşey ikram edin. Son olarak, diğer kişi için eğlenceli ve ilginç olan konular üzerine konuşarak başlayın. Ailesi, hobileri veya geçmişi hakkında sorular sorun. Hedefiniz, dostça bir ilişki kurmak ve diğer kişiyi serbestçe konuşturmaktır.

KARŞINIZDAKİ KİŞİYE, ONU DİNLEMEYE NİYETLİ OLDUĞUNUZU GÖSTERİN

> Olumsuz tepki alma, görüşmeyi kısıtlar. Olumlusu, derinleştirip teşvik eder.

Olumlu iletişimin önemli bir yönü, sözsüz yanıtlar -birbirini dinleyen insanların hareketleri ve vücut dilleri- dir. Bir insanın ne tür bir sözsüz yanıt verdiği, genelde görüşmenin derinliğini belirler. Olumsuz tepki alma, görüşmeyi kısıtlar. Olumlusu, derinleştirip teşvik eder.

İletişimi teşvik etmenin en iyi yollarından biri, diğer kişiye söylediklerini dinlemeye arzulu olduğunuzu göstermektir. Ona, söyleyeceği ile ilgilenir şekilde bakın ve davranın. Ona bunu anlatmak, kısmen kendi içinizde bu yönde gerçek bir arzu geliştirmekle olur. Kısmen de dikkatinizi, **kendi yanıtınız** yerine, o kişinin söylediğini **anlama** üzerinde toplamanızla gerçekleşir. Dikkatinizi yanlış bir noktada her topladığınızda, muhtemelen yanlış anlarsınız. Bir cevap düşünmekle meşgulken, etkin biçimde dinleyemezsiniz.

> Dikkatinizi kendi yanıtınız yerine, o kişinin söylediğini anlama üzerinde toplayın.

SORULAR SORUN

Uygun olduğunda, ilave bilgi almak veya emin olmadığınız bir noktayı aydınlatmak üzere sorular sorun. Anlamanıza yardımcı olmanın yanında bu, diğer kişiyi cesaretlendirir ve dinlemekte olduğunuzu gösterir. Aynı zamanda, bilgileri alırken işlemeniz için size ek zaman verir ve dikkatinizi bunlar üzerinde tutmanıza yardım eder.

Sorular sorarken, daima bunları teşvik edici veya tarafsız bir açıdan yönelttiğinizden emin olun. Eğer diğer kişi, ondan şüphe ettiğiniz veya ona meydan okuduğunuz hissine kapılırsa bu, iletişime yardımcı olmak yerine onu baltalar.

DİKKAT DAĞITICI HUSUSLARA YER VERMEYİN

İletişimi köstekleyebilecek, dikkati dağıtan bazı hususlara karşı duyarlı olun.Bazı insanlar,sesli veya müzikli ortamlarda iletişim konusunda zorlanır. Diğerleri rahasız sandalye veya göze giren güneş ışığı gibi fiziksel dikkat dağıtıcılarla sorun yaşar. Bunları ortadan kaldırmak için elinizden geleni yaparak, diğerleriyle konuşurken karalama yapmak,yazı yazmak, masaya vurmak ve kağıtları karıştırmaktan kesinlikle uzak durun. Tüm bunlar hem dikkat dağıtır, hem de konuşanın ne söylediğinin sizin için kısıtlı önem taşıdığını anlatır.

SABIRLI OLUN

Herkes kendine özgü bir yöntem ve tempoda iletişimde bulunur. Buna saygı göstermek önemlidir. Ne söyleyeceğini bildiğinizden oldukça eminolsanız dahi,karşınızdakini sözünü kesmeyin. Hedefiniz o kişinin mesajının içeriğini anlamanın yanısıra, sizin ona ve söylediği şeye saygı duyduğunuzdan emin olmasını sağlamaktır. Ona bunu,sabrınız gösterecektir.BenjaminDisraeli'nin dediği gibi, "Sabır, dehanın vazgeçilmez bileşenidir".

> Hedefiniz, karşınızdakinin mesajının içeriğini anlamanın yanısıra, sizin ona ve söylediği şeye saygı duyduğunuzdan emin olmasını sağlamaktır.

KENDİNİZİ ONUN YERİNE KOYUN

İletişimde en büyük yardımlardan biri, kendini başkasının yerine koyabilmekten gelir. Eğer her insan dostuna karşı sevecen olup, eleştirme yerine kendini onun yerine koymak hususunda elinden geleni yapsa, daha az kavga ve yanlış anlama olurdu.

> Kendimizi karşımızdakinin yerine koyduğumuzda, ona "haddini bildirme"yi isteme olasılığımız oldukça düşük olur.

Bir başkası ile konuşurken, herşeyi onun gözleriyle görmek için elinizden geleni yapın. Neden öyle düşündüğünü anlamaya çalışın. Birinin bir zamanlar dediği gibi, kendimizi karşımızdakinin yerine koyduğumuzda,ona"haddini bildirme"yi isteme olasılığımız oldukça düşük olur.

ÖFKELİ OLDUĞUNUZDA İLETİŞİM KURMAYA ÇALIŞMAYIN

Hepimiz zaman zaman öfkeleniriz. Bu, hayatın bir parçasıdır. Ancak bu öfke, insana iletişim kurmaya çalışırken gelirse, sonuçları feci olabilir. Hiddet genelde kelimelerin anlamını değiştirir. Ve öfkeli insan genelde daha sonra pişmanlık duyacağı sözler sarfeder. Ve hiddet aynı zamanda, bir insanın dinleme yetisine ket vurur.

İletişim kurmaya çalıştığınızda, öfkeden uzak durun. Biriyle konuşurken hiddetlenmeye başladığınızı hissettiğinizde, konuşmanızın bitmesine kadar öfkenizi tutmaya çalışın. Eğer başaramazsanız, görüşmeyi daha mantıklı konuşabileceğiniz bir zamana erteleyin. Ve eğer zaten hiddetliyseniz, kızdığınız kişiyi bilhassa bulup konuyu çözüme kavuşturmaya çalışmayın. Sakinleşinceye kadar bekleyin.

KAVGADAN VE ELEŞTİRİDEN UZAK DURUN

Bundan önceki bölümde, kavgalardan uzak durmanın önemini tartışmıştım. Diğerlerini eleştirmemek de aynı derecede önemlidir.Kavganın yarattığı etkiyi yaratır - diğer insanı savunmaya geçirir ve iletişime kapatır.

Her zaman,insanları eleştiriyle yıkmak yerine onları güçlendirmek için elinizden geleni yapın. Ve zıt bir görüş açısı ortaya koymanız veya bir düzeltme yapmanız gerektiğinde, bunu mümkün olduğunca olumlu şekilde yapın. Kişisel olarak onu suçlamadan, karşınızdakinin hareketlerini hedef almaya çalışın. Meselâ ona şöyle diyebilirsiniz: "Senin iyi bir eleman olduğunu ve her zaman en doğrusunu yapmaya çalıştığını biliyorum. Senin ekibe yaptığın katkının değerli olduğunun farkındayız. Bu nedenle sana, dünkü bir olayı düzeltmende yardım etmek istiyorum.."Konulara, mümkün olan en olumlu yönden yaklaşırsanız, genelde olumlu sonuçlar alırsınız.

BİR SORUYU DAİMA ÖNCE DOĞRUDAN YANITLAYIN VE SONRA AÇIKLAYIN

Kötü iletişimcilerin ortak bir özelliği, basit sorulara karmaşık açıklamalarla cevap vermeleridir. Başarılı insanların çoğu, dikkatlerini sonuçlar üzerinde toplarlar ve sonuca yönelik bir soruya,işleme dayalı bir yanıt aldıklarında bu, onları sabırsızlandırır. Cevap vereni, kaçamak yapıyormuş durumuna düşürür.Ve muhtemelen soruyu soran da, daha dolaysız bir yanıt için sualini tekrarlamak durumunda kalacaktır.

Eğer siz de soruları dolaylı yoldan yanıtlama alışkanlığında olan biri iseniz, diğerlerinin daha özlü yanıtları yeğlediklerini hatırlayıp, daha doğrudan bir iletişim tarzı geliştirmeye çalışın. Ancak bunu yaparken, diğer aşırı uçtaki sadece evet, hayır diyerek cevaplama yöntemine gitmediğinizden emin olun. Az bilgi vermek iyidir. İnsanlar bir yanıttan sonra, arkasındaki "neden"i bilmek ister. Ve bazı bilgiler onları tahminlerde bulunmadığınız, bilerek konuştuğunuz hususunda ikna eder.

SORULARDAN ÖNCE, GEREKLİ BİLGİLERE YER VERİN

Yanıtın iyisi doğrudan olanıdır, ancak sorular genelde başka tür bir yaklaşım gerektirir. Herhalde hepimiz zaman zaman bizi şaşırtan, beklemediğimiz sorularla karşılaşmışızdır. Sorunun içeriğinden veya neden sorulduğundan emin değilizdir. Sonuç olarak, cevap vermede zorlanırız.

Soru soracağınız herzaman, cevabı verecek olana sualin içeriğini ve nedenini açıklayıcı ön bilgi verin. Pekçok bilgi vermeniz veya uzun bir hikaye anlatmanız gerekmez. Aslında fazla bilgi dikkat de dağıtabilir. Sadece o kişinin kolayca cevap verebilmesine yetecek kadar bilgi aktarın. Örneğin, aynı soruyu yöneltmenin iki yolu arasındaki farka bakınız:

1. "PD" ne demek?
2. "Size bir soru sormak istiyorum. Dün gece hesapları gözden geçiriyordum, ve bilgisayarda anlamadığım bir kısaltma ile karşılaştım. "PD" ne demek?"

Gördüğünüz gibi, soru sorarken biraz bilgi, gerçekten büyük fark yaratabilir.

> Soru sorarken biraz bilgi, büyük fark yaratabilir.

NEREYE VARMAK İSTEDİĞİNİZİ ÇABUK BELİRTİN

Zamanın genelde sahip olduğumuz en değerli şey sayıldığı, çok hızlı bir dünyada yaşıyoruz. Bunun sonucu olarak, genelde en gözde iletişim, sadede gelen olmaktadır. İletişim üzerinde ne kadar az zamanve enerji harcamamız gerekirse, bizim için o kadar iyi olmaktadır. Ve yanlış anlaşmalardan uzak durabilmek için yapabileceğimiz her şey, ayrıca bir katkıdır.

Sonuç olarak, insanlarla ister teke tek, isterseniz grup halinde iletişimde bulunun, ne kasdettiğinizi bir an önce belirtmeniz ve açıklayıcı ek bilgiyi sonra vermeniz önemlidir. Hem herkes zamandan tasarruf etmiş olur, hem de dinleyicinizin sizin nereye varmak istediğiniz üzerine tahmin yürütmesi engellenir ve onun yanlış sonuca atlaması önlenir. Ve bazen vermeye hazırlandığınız açıklamanın hitabettiğiniz kişiler için gereksiz olduğunu farkedebilirsiniz, zira konu onsuz da yeterince anlaşılır ve açıktır.

KONUNUZUN KAPSAMI ÜZERİNDE AÇIK OLUN

Etkili iletişimde, konunuzun kapsamı üzerinde anlaşılır olmak önemlidir. Bir sorunun ne kadar büyük olduğunu, bir projenin ne kadar işgücü gerektireceğini, bir fikrin kaça malolacağını açıklamakla, pek çok yanlış anlama ve gereksiz tartışmadan uzak kalınabilir. Bahsettiğiniz konu hakkında miktar veya ölçek belirtmek, aynı yönde düşünmesi için dinleyiciyi harekete geçirir. Küçük şeylerin küçüklüğünü, büyük olanların da büyüklüğünü her zaman vurgulayın.

KENDİNİZİ TEKRAR EDEREK NE DEDİĞİNİZİN ANLAŞILMASINI SAĞLAYIN

Etkili iletişimde bulunan profesyonel konuşmacılar, tekrarın önemini bilir. Dinleyiciler dikkatlerini daha önce söylenenlere verdikleri ve kimi kez bazı şeyleri ilk söylendiğinde duymadıkları için bunu kullanırlar. Bir konu veya hususun üzerine bir diğerini vurgulamak için de bu en iyi yöntemdir.

Pek çok kişi, bire bir görüşmelerde tekrarın değerini gözardı eder. Ancak bu, etkili bir araç olabilir. Diğerinin söylediklerinizi anladığından emin olmadığınız zamanlarda, mesajınızı başka kelimelerle ifade etmeye veyaözetlemeye çalışın. Dinleyicinizin anladığından emin olmak için bunlar iyi yöntemlerdir. Unutmayın ki, tekrar önemlidir.

DİNLEYİCİNİZDEN BİR YANIT ALMAYA ÇALIŞIN

> Hiçbir şey, başarılı bir iletişimde bulunmakta olduğunuzu, dinleyicinizden sözlü bir yanıt almaktan daha iyi açıklayamaz.

Dinleyicinizin sözsüz yanıtlarını gözlemeniz önemlidir, ancak hiçbir şey, başarılı bir iletişimde bulunmakta olduğunuzu, ondan sözlü bir yanıt almaktan daha iyi açıklayamaz.Ona,sizi yanıtlaması için bir fırsat tanıyın. Ondan, dediklerinizi kendi kelimeleriyle ifade etmesini isteyin, onu uygun zamanda soru sormaya teşvik edin, veya önemli bir bölümü bitirdikten sonra, yenisine geçmeden ona anlayıp anlamadığını sorun. Eğer dinleyiciniz sessiz kalırsa, mesajınızın anlaşıldığını veya fikir birliğinde olduğunuzu anlamanızın yolu yoktur.

FİKİR AYRILIĞI HİSSETTİĞİNİZDE, DİNLEYİCİNİZE NE DÜŞÜNDÜĞÜNÜ SORUN

İletişim konusunda deneyimsiz kişilerin sıklıkla yaptıkları bir hata, söylediklerini kuvvetlendirerek veya uzatarak fikir ayrılığının üstesinden gelinebileceğini düşünmektir. Deneyimli iletişimciler, daha çok konuşmanın çözüm olmadığının farkındadır.Gereken, daha çok dinlemektir. Çoğu kez, diğer insana konuşması için bir fırsat tanırsanız ve sizinle neden aynı fikirde olmadığını veya fikrinize karşı olduğunu anlarsanız, anlaşmaya varabilirsiniz. Pek çok kez, farkında olmadığınız hususlar bulunur. Veya dinleyicinin, ne olduğunu bilirseniz kolayca yanıtlayabileceğiniz bir itirazı vardır. Tartışma herzaman değerlidir, gerçekleri ortaya çıkarmanın yolu da budur.

> Deneyimli iletişimciler, daha çok konuşmanın çözüm olmadığının farkındadır. Gereken, daha çok dinlemektir.

LEHTE CEVAP ALMA ŞANSINIZI ARTIRIN

Olumlu iletişim becerilerine sahip olduğunuzda ve bunları etkili biçimde kullandığınızda dahi, insanlarla istediğiniz kadar etkili iletişim kurmada güçlükler yaşayabilirsiniz.

Bu bilhassa yeni veya farklı fikirler sunduğunuz zamanlarda geçerlidir. İnsanlar yeni fikirleri her zaman kolaylıkla kabul etmezler. İşte bir insanın normal olarak karşılaşabileceği üç yanıt:

İtiraz: Çoğu kez yeni bir fikir, önce karşı koymayla karşılanır. Siz onu sunduktan sonra, anlattığınız kişi der ki; "Bu, işe yaramaz". Doğal olarak sorarsınız; "Neden?" Der ki; "Çünkü daha önce denedik", veya; "Bunu daha önce kimse denemedi".

Tolerans: Eğer karşınızdaki, fikriniz üzerine şöyle bir şey derse, "Vallahi, kabul ederim, eğer...", o zaman kısmî kabul görmüşsünüz demektir.Onların koşullarını sağladığınız sürece, devam edebilirsiniz.

Kabul: Eğer karşınızdaki, fikrinizi isteyerek ve cânı gönülden kabul ederse, hemen işe başlayabilirsiniz.

Ancak bir fikri sunarken, karşınızdakilerden olumlu yanıt alma olasılığını artırmak mümkündür.Bunu yapmak için,dört olumlu cevap alma koşulunun yerine getirilmesi gerekir:

> Eğer başkalarını bir okunada ikna etmek istiyorsanız, anladıklarından emin olmaksızın onların onayını almaya çalışmayın.

1. **Karşınızdaki, sunulan fikri anlayabilir ve anlamaktadır.** Birinin söylenene uyma mecburiyeti olduğu durumlar dışında insanlar, anlamadıkça bir fikri kabul etmezler. Eğer başkalarını bir konuda ikna etmek istiyorsanız, anladıklarından emin olmaksızın onların onayını almaya çalışmayın.

2. **Kişi sunulan fikrin kendi kişisel çıkarlarıyla uyumlu olduğuna inanmaktadır.** İnsanlar yeni bir fikirle karşı karşıya kaldıklarında, yüksek sesle söyleseler de söylemeseler de, ilk sordukları soru daima, "Bu beni ne şekilde etkiler?" dir. İnsanlar kendilerine yararından çok zararı dokunacak hiçbir şeyi kolaylıkla kabul etmezler. Yeni bir fikir ortaya koyduğunuzda, bunun onlara yararları hakkında bilgi vermeyi asla ihmal etmeyin. En azından, bunun onları incitmeyeceğini gösterin.

3. **Kişi bu fikrin, organizasyonun amacına aykırı düşmediğine inanır.** Herkes olayların kendilerini kişisel olarak nasıl etkileyeceğini sorarken, çoğu aynı zamanda bunların organizasyonu nasıl etkileyeceğini de sorar. Organizasyonun zarar görmesini istemezler. Kendini adamış kişiler, yeni fikirlerin nasıl olup da iyileştirmeye yönelik olacağı konusunda ısrarcı olacaklardır. Bu nedenle, yeni fikirlerin organizasyona sağlayacağı yararları ana hatlarıyla belirttiğinizden emin olun.

4. **Kişi, zihinsel ve fiziksel olarak fikirlere itaat edebilir durumdadır.** Tüm söylenmesi gereken doğruları söylediğiniz, insanlar fikrinizi anladığı, yararlı olacağına inandıkları halde eğer yapabileceklerine inanmıyorlarsa fikrinizi onlara kabul ettiremezsiniz. Bazen tek sağlamanız gereken, cesaretlendirme olabilir. Diğer zamanlarda, problemleri önceden görerek cesaret kırıklığını önleyecek açıklamalar yapmanız gerekecektir. Ve bazı zamanlarda da, insanlarınıza yardım edebilmek için eğitim veya ekipman sağlamanız gerekecektir.

KÜÇÜK ÇAPLI GRUPLAR İÇİN İLETİŞİM BECERİLERİ GELİŞTİRİN

Küçük gruplarla iletişim kurabilme becerisi giderek daha büyük önem kazanmaktadır, zira liderler gittikçe daha fazla grupsal etkinlikler düzenlemektedirler. Gerçekten, Amerikalı yönetim uzmanı Kenneth Blanchard, Birleşik Devletler'deki yöneticilerin zamanlarının % 60 ile 90 ını grup faaliyetlerine ayırdıklarını, yine de gruplar halinde çalışma konusunda ya çok az eğitim gördüklerini ya da hiç görmediklerini ortaya koymuştur.

Küçük gruplardaki iletişim, bire bir iletişim üzerine inşa edilir; ancak farklı bir dinamiği bulunmaktadır. Ufak grup toplantılarının, herkesin konuştuğu, kimsenin dinlemediği ve sonrasında herkesin tartıştığı yerler olduğu söylenmiştir. Gariptir - bazı insanlar konu üzerinde tanınan bir otorite olmalarına rağmen,diğerlerinin önünde açıkça iletişim kurmazlar. Diğerleri, bire bir görüşmede size asla söylemeyecekleri şeyleri bir grubun sağladığı emniyet ortamında söylerler.

Yıllar boyu, küçük gruplarla çalışma ve iletişimde bulunma üzerine üç bölümlü bir formül geliştirdim:

İNSANLARINIZI TANIYIN

Grubunuzdaki her insan, farklı kişiliğe ve benzersiz kuvvetlerle zaaflara sahiptir. Onların farklı olduğunun ve hepsine aynı şekilde davranamayacağınızın farkında olmalısınız. Burada hassas nokta, her insanın kişiliğinin anahtarını tanımaktır. Lider olarak bu anahtarı bulmanız ve kullanmanız gerekir. İşte size, bir grup içinde sıkça bulunan on bir sorunlu kişilik ve onları ele almanın en iyi yolları konusunda bazı ipuçları:

Hevesli kunduzlar. Hevesli kunduzlar, hemen harekete geçen, yardımcı olan tiplerdir. Her fırsatta bir fikirle ortaya ilk atlayanlar onlardır. İyi niyetlerine karşılık, bu kişi işleri zorlaştırabilir zira sürekli konuşma arzusu diğerlerinin katkıda bulunmasını engeller. Hevesli kunduza yaklaşımınız bir toplantı sonunda neler tartışıldığını özetlemesini istemek olabilir. Gerektiğinde onu incelikle susturmak için başkalarına soru yöneltebilirsiniz. Ona teşekkür de edebilir ve; "başkalarını da çalıştıralım" diyebilirsiniz. Eğer incelikle onun konuşmayı kendi tekeline almasını engelleyebilirseniz, bilhassa söylenenleri özetleme zamanı geldiğinde onun takıma yararlı bir katılımcı olabileceğini keşfedeceksiniz.

Yerinden oynatılamayan cisimler. Yerinden oynatılamayan cisim, tüm fikir ve tavsiyelere direnen inatçı bir kişidir. Buldozerin bile onu oynatamayacağını sanırsınız. Onu en iyi ele almanın yolu, gruba onun bakış açısı hakkındaki fikirlerini sormaktır. Onun yolun dışında olduğunu belirtme işini grubun diğer üyelerine bırakın. Ona şimdilik grubun fikirlerini kabul etmesini, toplantıdan sonra kendisiyle görüşlerini tartışmaktan memnuniyet duyacağınızı söyleyin.

Çürütmeciler. Çürütmeciler kendilerini, ortaya konan her yeni fikrin en kötü yönlerini ortaya koymaya mecbur hisseder. Daha iyi bir alternatif sundukları ya çok enderdir veya hiç görülmez.Onu ele almanın en iyi yolu, her olumsuz sözünden sonra kendisinin başka bir alternatif ortaya koymasını istemektir. İtirazlarını anladığınızı belirtin, ve sonra da teklifin olumlu yönlerini tekrarlayın. Ayrıca, diğer grup üyelerinden onun görüşü hakkındaki düşüncelerini söylemelerini isteyin.

Ayırt etmeden kabullenenler. Ayırt etmeden kabullenenler, ne kadar kötü veya iyi olursa olsun, HER tavsiyeyi cânı gönülden kabullenen sevimli tiplerdir. Onun düşüncelerine fazla inanmayın. Söylediklerini nezaketle onaylayın ve daha sonra grubun diğer daha ayırt edici üyelerinin fikirlerini sorun.

Ayırt etmeden karşı çıkanlar. Ayırt etmeden tartışmaya girenler, zıt tarafta olmaktan hoşlanan veya kişisel sorunları olan mücadeleci tiplerdir.

Ne yazık ki, bir grupta bunlardan iki tane birden varsa ve aralarında fikir ayrılığı çıkarsa, grubunuz iki hizibe ayrılabilir. Bu çeşit birini ele almanın en iyi yolu, dikkatleri toplantının amacına çekmektir. Eğer birbirleriyle kavgaya başlarlarsa, anlaştıkları hususları vurgulayın. Kavgayı, konu hakkındaki bir soruyla kesin, veya grubun güvenilir bir üyesini tartışmaya sokun. Gerekirse, açıklıkla bu kişilerin tartışma dışı bırakılmasını isteyin.

"Konuşamayan" konuşmacılar. Bu tarz insanlar, iyi fikirleri olan, ancak düşüncelerini ifade etmekte büyük zorluk çekenlerdir. Bu kişiyi ele almanın en iyi yolu, hislerini incitmeden fikirlerini daha iyi bir dil kullanarak tekrarlamaktır. Şu cümlelerden uzak durun: "Yani demek istiyorsunuz ki..." veya "Demek istediğiniz şu;..." Mantıklı gelmesi için onun fikirlerini gerektiğinden fazla evirip çevirmeyin.

Kenar konuşmacıları. Kenar konuşmacısı, toplantı sırasında sürekli başkalarıyla konuşur. Konu toplantının konusuyla ilgili olsun olmasın bu, grup üyelerinin dikkatini dağıtır ve bilhassa da konuşmacının dikkatini dağıtarak onu şaşırtır. Bu tip insanları ele alırken, onları utandırmaktan uzak durmaya çalışın. Ona ismiyle hitabederek kolay bir soru yöneltin. Veya bir grup üyesi tarafından ifade edilen en son düşünceyi tekrarlayarak, onun bu husustaki fikrini sorun. Bu genelde onu yeniden grubun içine sokmada yararlı olacaktır.

Gezinenler. Gezinenler, tartışılmakta olanın dışındaki her konuda, kendi fikrini beyan etmekten hoşlanır. Geçerli olan konuyla başlayabilir, ancak orada uzun süre kalmaz. Ve uzak bazı benzetmelerinden veya fikir beyanlarından sonra, neden bahsettiği konusunda tüm grup ümitsizce kaybolabilir. Gezginleri ele almanın en iyi yolu, nefes almasını fırsat bilerek dikkatini yeniden konuşulan konuya çekmektir. Ardından, ilgili hususları yeniden belirterek onu konuya getirmek ve devam etmesini sağlamaktır. Başka bir takdik, ona dediklerinin ilginç olduğunu söyleyip, gülümseyerek "biraz konudan uzaklaştığımızı" belirtmektir. Son çare olarak, saatinize anlamlı şekilde bakabilirsiniz.

Suskunlar. Suskunların konuşmayı reddetmesinin pek çok nedeni olabilir: korkaklık, güvensizlik, üstünlük, ilgisizlik veya can sıkıntısı. Sebepler ne olursa olsun, siz onu öne çıkarmazsanız grup için değerli olmayacaklardır. Bunu yapmak için seçeceğiniz hareket, onu neyin güdülendirdiğine bağlı olmalıdır.Ona bir soruyönelterek ilgisini canlandırmaya çalışın. Eğer size yakın oturuyorsa, ona soru sorun, böylece grupla değil de, sizinle konuştuğunu hissedecektir. Kışkırtıcı bir sual ortaya atarak, ilgilenip ilgilenmediğine bakın. Eğer ürkekse, bir şey söylediğinde ona iltifat etmeyi unutmayın.

Dikkatsizler. Dikkatsizler cismen mevcut olsalar da, zihnen orada bulunmayanlardır. Onların ilgilerini uyandırmak için, çarpıcı olmayan yollara başvurun. Düş gezginine dar kapsamlı bir soru yöneltin, ancak cevaplandırabileceği bir şey olduğundan emin olun veya belirtilen bir fikri yeniden ifade ederek ona bu hususta ne düşündüğünü sorun. Bir seçenek de, şöyle birşey söylemektir:"Herkes bundan sonraki soru üzerinde düşünerek, kendi yanıtını oluşturabilir mi?"

Sıkıntı verenler. Ufak bir uyuşmazlığa ya da mantıklı bir şikâyete bağırarak yanıt verirlerken, sıkıntı veren tipler bir sürü zaman kaybına neden olarak toplantıyı yıpratır.Onu ele alırken, zaman baskısını anımsatın. Eğer özel bir meseleyse,memnuniyetle daha sonra konuşabileceğinizi söyleyin. Buradaki uygulamayı değiştiremeyeceğinizi; burada hedefin, mevcut sistemde mümkün olduğunca pürüzsüz şekilde işlem görmek olduğunu ona belirtin.Bir seçenek de, grubun olumlu tutumdaki bir üyesinin onun şikayetlerini ele almasıdır.

Problem oluşturan kişileri olumlu tarzda ele almayı öğrendiğinizde, gruptaki herkesle çalışmanız kolaylaşır. O zaman da gerçekten çok şey başarabilirsiniz.

İNSANLARINIZA GÖSTERİN

Hiçbir şey, bir şeyler başarmaya hazır bir grup insanı, toplantıya gelirken hazırlık yapmamış bir lider kadar sinirlendirip öfkelendiremez. Sadece hazırlıklı olmak yetmez, ancak insanlarınıza ne yaptığınızı bildiğinizi ve onların yapacağı en iyi hareketin de sizi takibetmek olduğunu göstermek gerekir.

Bir toplantıya hazırlanırken, şu altı adımı takibedin:

1. **Bir program hazırlayın.**Program hazırlamak insanlarınıza hem hazırlıklı olduğunuzu ve nereye gitmek istediğinizi bildiğinizi gösterir, hem de onların yolculuğunuza daha iyi katılmalarını sağlar. Programı önceden hazırlamak iyi bir fikirdir. Çok açık ve dolambaçsız olduğundan emin olun, ve grubun tüm üyelerine birkaç gün önceden ulaştırdığınıza emin olun ki, onlar açısından hiçbir sürprize yer kalmasın. Program; bilgiler (bunlar hakkında bir şey yapılması gerekmez), incelenecek hususlar (bunlar toplantıda tartışılacak,

ancak oylamaya sunulmayacaktır) ve eylem gerektiren hususlar (bunlar, daha önce incelenmiş ve şimdi oylama yoluyla üzerinde harekete geçilecek hususlardır) içermelidir.

2. **Toplantıdan önce grubun kilit üyeleriyle tek tek biraraya gelerek, onları tartışma yoluyla hazırlayın.** Bir toplantıdan önce kilit kişilerle görüşerek, onlara toplantıya gelmeden önce kilit konuları inceleme ve bu konular üzerinde düşünme fırsatı tanımak önemlidir.Böylelikle, ihtiyacınız olduğunda onların yardımlarını yanınızda bulur, onları da şaşırtmamış olursunuz.

3. **Mümkün olduğunca görsel araçlara yer verin.** Pek çok kişi, görerek öğrenir. Grafikler, çizimler ve resimler kullanarak tahminleri ve planları canlandırın.

4. **Toplantıdan önce, gelmesi muhtemel soruları tahmin edin ve yanıtlarını hazırlayın.** Üyelerin sizin hazırlıksız olduğunuzu hissetmelerine izin vermeyin.

5. **Toplantıya güven, samimiyet, olumluluk ve açıklıkla girin.** Gruptaki kişilerin çoğunluğu sizi tutum yönünden de takip edecektir; o nedenle, olumlu olun.

6. **Toplantıları zedeleyen ve sıkça görülen engelleri tanıyın ve onlardan uzak durun.** Yöneticiler, başarısız olan toplantıların genelde görülen bazı nedenlerini belirlemektedir. İşte bunlardan birkaçı:

   a. Görüşülecek hiçbir şey olmasa da, toplantılar belirli aralıklarla yapılır.

b. Katılımcılar ödevlerini ihmal eder, sonuçta konunun dışına taşılır ve dağınıklık ortaya çıkar.
c. Yöneten, toplantının nasıl yapılacağını bilmez.
d. Toplantı, iyi bir tartışmaya vesile olmaktan uzak bir atmosferde yapılır.
e. Toplantı çok uzun sürer.

Bu ortak sorunları önceden tahmin etmek, sizin insanlarla iletişim yeteneğinizi büyük ölçüde geliştirebilir.

İNSANLARINIZI BÜYÜTÜN

1. **Onları eğitin.** Düzenli biçimde zaman ayırarak -toplantılarda ve bire bir-onları eğitin.Onlara, zayıf oldukları alanlarda eğitim verin. Onların, kendi çıkarlarını akılda tutarak işlerinde daha iyi olmalarını sağlayın.

2. **Onların diğer başarılı liderlerle karşılaşmasını sağlayın**. Onlara yardımcı olabilecek pek çok iyi lider ve düşenen insan bulunmaktadır. Onların büyümesine ve öğrenmesine katkıda bulunabilecek makaleler, kitaplar ve kasetler tavsiye edin. Onlara bir şeyler öğretebilecek, saygı duyduğunuz kişilerle zaman geçirmeleri için düzenlemeler yapın.

3. **Her üyeye sorumluluk vererek,onları geliştirin ve güçlendirin.** Sadece bir işin yapılması için sorumluluk delege etmeyin. Her insanın gelişmesini de göz önünde bulundurun. Bazen bir insanın ufuklarını genişletmesine veya yeteneklerini geliştirmesine, onu yeni birsorumluluk alanına girmesi hususunda güçlendirerek yardım edebilirsiniz.

* * *

İletişim kurmayı öğrenmek, zaman alan bir işlemdir.Fazla deneyiminiz yoksa, başlangıçta zor gelebilir. Bazı hatalar yaparsınız. Ancak daha iyileşirsiniz. Öğrenirken, iletişimdeki hataların çoğunun,"Özür dilerim.Hatalıydım".demye istekliyseniz oldukça çabuk biçimde çözümlenebildiğini unutmayın.

Daha etkili şekilde iletişimde bulunma yeteneği kazanmaya başladığınızda, sizi yepyeni bir dünya karşılayacaktır. Bir zamanlar olanaksız gördüğünüz yerlere gidebilecek ve işler yapabileceksiniz. Ve başkalarını güdüleme ve onlara sizinle yürümelerinde liderlik etme hususunda çok daha iyi bir konumda olacaksınız.

Güdüleme ve liderlik, bu kitabın son iki bölümünün konuları olmaktadır.

BAŞARI STRATEJİLERİ İÇİN ALIŞTIRMALAR

1. Bir dahaki sefer bir lokantaya, parka veya insanları izleyebileceğiniz benzeri halka açık yere gittiğinizde, konuşmakta olan herhangi bir çifti gözlemleyin. Onların yüz ifadelerine, vücut dillerine, saç hareketlerine, vb. dikkat edin. Ne anlam taşıdıklarını belirlemeye çalışın. Anlayabileceğiniz bir vücut dili "sözlüğü" geliştirin. Gelecekte bu bilgileri, daha iyi iletişimler oluşturmada kullanın.

2. İletişim konusundaki güçlü ve güçsüz yönlerinizi belirlemek üzere, aşağıdaki soruları uygun sayıları işaretleyerek yanıtlayın. Sonra iyi tanıdığınız birine, meselâ eşinize veya yakın arkadaşınıza başkalarının sizin iletişim yeteneklerinizinasıl bulduğunu anlamak amacıyla, sizin yerinize soruları cevaplandırmasını söyleyin.

İLETİŞİM TESTİ

DEĞERLENDİRME

1= Asla, 2=Çok seyrek, 3= Bazen, 4= Genellikle, 5= Herzaman

1.	Görüşmelerde, zamanın yüzde 50 sinden azında ben konuşurum.	1 2 3 4 5
2.	Konuşmakta olduğum insanın rahat mı, yoksa gergin mi olduğunu bir bakışta anlarım.	1 2 3 4 5
3.	İnsanlarla görüşürken, bilerek onları rahatlatacak şeyler yaparım.	1 2 3 4 5
4.	Karşımdakine dinlemekte olduğumu ve ilgilendiğimi belirtmek için basit sorular sormaya çalışırım.	1 2 3 4 5
5.	Başkaları konuşurken sabırlı olur, onların sözünü kesmem.	1 2 3 4 5
6.	Benimki farklı olduğunda, karşımdakinin bakış açısını gerçekten anlamaya gayret gösteririm.	1 2 3 4 5
7.	Kavgalara ben başlamam, başlamış olanlara katılmam.	1 2 3 4 5
8.	Onları düzeltmek zorunda kalsam dahi, insanları eleştirmem.	1 2 3 4 5
9.	Birisi bir soru yönelttiğinde, kısa ve doğrudan bir yanıt verir ve gereksiz açıklamalardan kaçınırım.	1 2 3 4 5
10.	İnsanlara, yanıtlamakta zorlanacakları ani sorular yöneltmem.	1 2 3 4 5
11.	Başkalarıyla konuşurken, söylemek istediğimi ilk 30 saniye içinde ifade ederim.	1 2 3 4 5
12.	Dinleyicim anlamaz göründüğünde, iletmek istediklerimi tekrarlar, yeni kelimelerle ifade eder ve özetlerim.	1 2 3 4 5
13.	dinleyicimin ne söylediğimi anladığından emin olmak için, düzenli olarak ondan yanıt almaya çalışırım.	1 2 3 4 5

14. Diğer kişinin aynı fikirde olmadığını sezdiğimde, konuşmayı keser, ona fikrini sorar ve itirazlarını karşılamadan önce onun görüşlerini anlatmasını tamamlamasını beklerim. 1 2 3 4 5

ANAHTAR

60-70	: İletişim yeteneğiniz kusursuz
45-59	: İletişim yeteneğiniz iyi
35-44	: İletişim yeteneğiniz vasat
35 in altı:	İletişim yeteneğiniz vasatın altında

Önce kendi puanlarınızı, sonra da diğer kişinin size verdiği puanları toplayın. İletişim yeteneğinizin düzeyi hakkında genel bir fikir sahibi olabileceksiniz. Daha da önemlisi, en zayıf alanlarınızı bulmak için soruları tekrar gözden geçirin. Olanlarla ilgili bölümleri tekrar okuyun, ve daha sonra bunları, o yetenekleri iyileştirmeye başlarken kullanın. Üç ay sonra testi tekrar yaparak, ilerlemenizi belirleyin.

3. Bundan sonra birine yeni birfikir sunduğunuzda,onun buna tepkisini sormadan önce gerekli dört koşulun sağanıp sağlanmadığını zihnen belirleyin. Tekrar gözden geçirilmek istenirse bu koşullar:

a. Kişi, fikri kavrayabilecek durumdadır ve kavramaktadır.

b. Kişi, fikrin kendi kişisel çıkarlarına uygun olduğuna inanmaktadır.

c. Kişi, fikrin organizasyonun amacına ters düşmediğine inanmaktadır.

d. Kişi, zihinsel ve fiziksel olarak fikre uyum gösterebilecek durumdadır.

4. Normal olarak liderliğini yaptığınız herhangi bir gruptaki insanları analiz etmek üzere biraz zaman ayırın. İsimlerini 8x12cm.lik bir karta yazın, ve sonra bölümde verilen listeye göre her birinin hangi tip insan olduğuna karar verin. Bu kişilerle bir dahaki görüşmenizde kullanılmak üzere, isimlerinin yanına, her birine uygulayacağınız stratejiyi anımsatan bir veya iki kelime yazın. Toplantıdan önce, bir hafta boyunca bu kartı tekrar tekrar gözden geçirin.

5. Bundan sonraki ilk toplantınızı, bölüm içinde verilen yol göstericilere göre planlayın. Programınızı hazırlayın; kilit kişilerle önceden görüşün; görsel destekler hazırlayın; insanların yöneltebileceği sorulara hazırlanın; toplantıyı olumlu bir şekilde ve açıklıkla başlatın. Aynı zamanda, toplantıların etkili olmasını engelleyen badirelere karşı duyarlı olun.

Dokuzuncu Bölüm

Başarılı insan,

GÜDÜLENME

'ye inanır

Güdülendirme;insanlara yaptırmak istediğiniz şeyleri, sanki kendileri öyle istiyormuş gibi yaptırma sanatıdır.

-Dwight D. Eisenhower

Her şeyi kendisi yapmak, veya bunu yaptığı için tüm takdiri kendisi toplamak isteyen hiçbir insan, büyük lider olamaz.

-Andrew Carnegie

Dünyayı yerinden oynatan üç şey vardır:fikirler, insanlara onları beğendirmek ve onları uygulamaya koymak. Fikirler hakkında pek çok şey bilirsiniz. Olumlu düşünceden, görüşten ve hedef belirlemeden doğar. Onların değerini bilirsiniz. Aynı zamanda, insanların ne denli önemli olduğunu da bilirsiniz. Peki, ya insanlara fikirlerinizi beğendirmek? Diğerleriyle iletişim kurabiliyorsanız bu, onları fikirlerinizi beğenmeye ikna edebildiğiniz anlamına gelmez.İşte burada, insanları güdülendirme yeteneği gündeme gelir.

GÜDÜLENDİRMENİN ANLAMI

Bir başkasını güdülemek ne demektir? *Webster Sözlüğü*, ***güdülendirme*** (motivasyon) kelimesinin anlamını şöyle vermektedir: "bir motif temin etmek veya öyle etkilemek". ***Motif*** kelimesinin anlamı,"bir insanın bir şey yapmasına yol açan veya belli bir şekilde hareket etmesini sağlayan bazı iç dürtüler, itmeler, niyetler, vb. Öyleyse birini güdülemek, onu harekete geçiren, içindeki bir şeyle bağlantı sağlamaktır.

> Birini güdülemek, onu harekete geçiren, içindeki bir şeyle bağlantı sağlamaktır.

Sanki günümüz insanı, dışardan bir kuvvetin kendilerini ve etraflarındaki insanları, gitmeleri gereken yönde hareket ettirmesini ümideder gibidir. Ancak bir insanı hareket ettiren güç onun dışından geldiğinde, hareket her seferinde geçici olmaktadır. Bu tıpkı benzini olan ve olmayan iki otomobil arasındaki fark gibidir. Arabanın benzini bittiğinde, itilmesi gerekir. İtilmesi kesildiğinde, otomobil hızla yavaşlar ve kısa sürede durur. Ancak aynı araçta benzin deposunu dolu tutarsanız, içindeki motor onu neredeyse sonsuza kadar itmeye devam eder.

Aynı şey, bir insan ve onu güdüleme konusunda da geçerlidir. Güdülenme olmadan harekete geçmek zor, ivmeyi artırmaksa olanaksızdır. Ancak bir insan sürekli biçimde güdülenmeyle güçlendirilmekteyse, sonsuza kadar yoluna devam edebilir.

Başarı için, yapmayı öğrenmeniz gereken budur:diğerlerini güdülendirin, ve bu içten gelsin.Onların"benzin depolarını doldurmalı"sınız. Yakın zamanda yapılan bir ankette, 70 psikologdan, bir süpervizörün insan doğası hakkında bilmesi gereken en önemli şeyin ne olduğunu belirtmeleri istenmişti.

Yüzde 65'den fazlası, bunun güdülenme olduğunu söyledi, yani insanların neden davrandıkları şekilde davrandıklarını ve hissettikleri gibi hissettiklerini anlama. Başkalarını güdülendiremezseniz, onlara liderlik edemezsiniz. Başkalarına liderlik edemeyince de, gerçekleştirmek istediğiniz her şeyi kendiniz başarmak zorunda kalırsınız. Oldukça kısıtlayıcı bir durum!

GÜDÜLENME, SİZİNLE BAŞLAR

Bir insan, başkalarını güdülendirmeye nasıl başlar?Önce kendisini güdülendirerek.Kendiniz güdülenmemişken, başkasını güdülendirmek olanaksızdır. İnsanlar, ikna olmamış birisi tarafından ikna edilemez. Kendisi ilham duymayan, başkalarına ilham veremez. Önce kendi gitmeye karar vermemiş bir insanı hiç kimse takip etmez.

> Kendiniz güdülenmemişken, başkasını güdülendirmek olanaksızdır.

Tarihte en hoşuma giden insanlardan biri, İsrail'in Kral David'idir (M.Ö. 1000 civarı). Kendi iç güdülendirmesinin başkalarına ilham verdiği ve onları da güdülendirdiği insanlara en iyi örnektir. Bir keresinde David genç bir adamken ve henüz kral olmamışken, ordudaki kardeşlerine yiyecek götürmüştü. Cephenin ön saflarındayken, Goliath adında, karşı ordunun şampiyonu olmuş bir dev gördü. Dev, Israil'in ordusundaki askerlerle alay ediyordu ve Kral Saul dahil, herkesin yüreğine korku salmıştı. Ancak David, bu insanların dışındaydı. Goliath'a meydan okuma ve onunla döğüşme konusunda güdülenmişti. Ve David onu öldürdü.

David'den önce,Saul'un ordusunda dahaönce bir dev öldüren hiç kimse olmamıştı. Ancak dev-öldüren David kral olduktan sonra,İsrail'in ordusunda pekçok dev-öldüren çıktı..

Sizce, neden Kral Saul'un ordusunda hiç dev-öldüren yoktu? Bir nedeni, Kral Saul'un kendisinin de dev-öldüren olmamasıydı. Devle, insanlarının bir savaşçısı olarak yüzleşmeye güdülenmemişti. Ancak, David'in liderliğinde, ve o da öyle olduğu için, pekçok asker, dev-öldürücü olmaya güdülenmişti.

Eğer kendinizi güdülendirmede zorlanıyorsanız, işte size kendinizi harekete geçirmenizde yardımcı olacak birkaç tavsiye:

1. **Başlamakla kazanacaklarınızı ve başlamayı ihmal etmekle ortaya çıkacak kaybınızı toplayın.** Başlama konusunda zorluk çektiğimizde bazen, başlamanın yararlarının bize hatırlatılmasına gereksinim duyarız. Bazen de, eğer başlamazsak, hangi olumsuzlukların ortaya çıkacağını belirlememiz gerekir. Bu tıpkı rejime başlamamız gereken zamanlara benzer. Güdülenmek zordur,o nedenle kilo verdiğimizde daha iyi görüneceğimizin ve kendimizi daha sağlıklı hissedeceğimizin bize hatırlatılmasına gereksinim duyarız. Ve aynı zamanda, eğer başlamazsak, bunun sağlığımız üzerinde yaratacağı olumsuz etkileri düşünebiliriz. Ne kadar uzun süre beklersek, bu olumsuz bedel o kadar büyüyecektir. Başlamanın olumlu ödülleriyle başlamamanın olumsuz bedellerini gözden geçirerek, kendimizi işe başlatabilmemiz gerekir.

2. **Aciliyet duygusu yaratın.** Başlamanızın şart olduğuna kendinizi ikna ettikten sonra karşılaştığınız engel, kendinizi bilfiil başlamanın içine sokmaktır. Bunu yapmak için bazen kendinizde bir aciliyet hissi uyandırmanız gerekir.Başlamak için mümkünolan en uzak anı seçmek yerine, başlamaya, diğer açıdan bakın.

Kendinize şunu sorun, "Bunu en erken ne zaman yapabilirim?" Neticede, zaman geçtikçe gençleşmiyorsunuz. Başlamak üzere size ek bir dürtü oluşturması bakımından, hedeflerinizi başkalarına da söylemek isteyebilirsiniz.

3. **Hemen şimdi bir program yapın.** Kendi kendinizi işe başlatmanın bir başka yolu da, yapacaklarınızı bir plan çerçevesinde belirlemektir. Bazen onları yazılı görmek, sizi harekete geçirir. Bunun yanısıra, büyük bir işi veya projeyi daha küçük, elde edilebilir parçalara ayırmak, bütününün erişilebilir görünmesine neden olur, bu da güdülenme sağlar.

> Büyük bir işi veya projeyi daha küçük, elde edilebilir parçalara ayırmak, bütünün erişilebilir görünmesine neden olur, bu da güdülenme sağlar.

4. **Başlamayı, heves gelene kadar ertelemeyin.** Kendilerini güdülendirme sözkonusu olduğunda pek çok kişinin düştüğü yanılgılardan biri, başlamak için heves gelmesini bekleyebileceklerini düşünmeleridir. Bu tuzağa düşmeyin. İşin içine girmeden önce, muhtemelen o işe başlama arzusu duymayacaksınız.Şimdi başlayın, çünkü doğrusunun bu olduğunu biliyorsunuz.Duygularınız, hareketlerinizin peşi sıra gelecektir.

5. **Başlamak için, başlamadan önce her soruna çözüm bulmayı beklemeyin.** Samuel Johnson diyor ki, "Önce tüm olası engellerin ortadan kaldırılması gerekecekse, hiçbir işe başlanamaz". Üstün başarı kazananlar zengin olasılıkların yerini çabuklukla belirler, büyük kararları çabuk alır, ve sonra da derhal hareket geçerler. Başarma arzusundaysanız, başlayın.

Kişisel güdülenme, işleri sizin yerinize başlatır. Harekete sevkeder. Ama aynı zamanda ivme yaratır ki, bu da başarma söz konusu olduğunda paha biçilmez olur. Örneğin, hareketsiz bir tren lokomotifini hareketten alıkoymanın ne kadar kolay olduğunu hiç düşündünüz mü? Bir lokomotifi hareket ettiren tekerleklerden her birinin önüne ikişer santimlik birer tahta parçası koysanız, hareket etme olanağı kalmaz. Ama eğer aynı lokomotif, saatte 40 kilometre hızla giderken, bir metre kalınlığında, - çelikle donatılmış- betonarme bir duvara çarpsa, onu delip geçer!

Aynı şey, güdülenmiş, hız kazanmış bir insan için de geçerlidir. Bir kez ileriye doğru harekete geçtiğinde, muazzam badireleri dahi aşabilir.

DİĞER İNSANLARI GÜDÜLENDİRİCİ İLKELER

Kendinizi güdülendirmek, işe başlamanız ve ivme kazanmanız bir şeydir, diğerlerinin sizin fikirlerinizden heveslenerek istediğiniz yönde hareket etmelerini sağlamak ise başka bir şey!Bu,sizin güdülenmenizle başlar,ve tüm insanlara hitabeden stratejilerle devam eder. Aşağıdaki fikirleri kullanarak, etrafınızdakileri güdülendirmede yardımcı kuvvet sağlayın:

İLETİŞİMİNİZ AÇIK-SEÇİK OLMALI

> Başkalarını güdülendirmeye her zaman, iletişimde sarih olunmasıyla başlamalıdır.

Günümüzdeavukatlar, insanlar arasında ortaya çıkan anlaşmazlıkların yarısından çoğunun fikir ayrılıklarından ve hatta fikir birliğine varamamaktan değil, bu kişilerde anlama yeteneği olmamasından kaynaklandığını itiraf etmektedirler. Eğer bu doğruysa, günlük yaşamımızda kendimizi anlatabilme gibi basit bir işlemde ne kadar çok akıl karışıklığı ve yanlış bilgi(lendirme)nin ortaya çıktığını düşünün. Başkalarını güdülendirmeye çalışırken, kendimizin yanlış anlaşılmasını göze alamayız.Başkalarını güdülendirme her zaman, iletişimde sarih olunmasıyla başlamalıdır. Sonuçta, insanlar anlamadıkları bir şeyi yapamaz. Diğerlerini hareket etmeye güdülendirmeden önce, ne isteyeceğinizi tam olarak bildiğinizden emin olun. Sonra bunu en yalın ve açık biçimde iletmek için elinizden geleni yapın.

KENDİNİZİ BİR AMACA ADAYIN

Dünyada en ikna edici ve güdülendirici kişi bir fikre, ürüne veya hizmete bütünüyle güven duyandır.Tarihteki tüm büyük adamların tek ortak paydası, yapmakta olduklarına inanmış olmalarıdır. Görüşlerine, amaçlarına kendilerini tahsis etmiş ve adamış olmalarıdır.

Tarihteki tüm büyük adamların tek ortak paydası, yapmakta olduklarına inanmış olmalarıdır.

Bir keresinde büyük bir şirketin ikinci başkanına,zor bir görev için birini nasıl seçtiğini sormuştum. Her zaman, o işin yapılabileceğine ikna olmuş ve onu tamamlamaya kendini tahsis edebilecek birini aradığını söyledi. Bu inanç ve kendini verme, onu işi tamamlamaya güdülendirecek vebaşkalarının dagüdülenmesini beraberinde getirecekti. Sonuçta gelinen nokta şudur: insanlar mantığımızın yüksekliğinden çok, kanaatlerimizin derinliğiyle ikna olmaktadırlar - gösterebildiğimiz kanıtlardan çok, kendi heyecanımızdan etkilenmektedirler.

İnsanlar mantığımızın yüksekliğinden çok, kanaatlerimizin derinliğiyle ikna olmaktadırlar.

Diğerlerini güdülendirme arzusundaysanız, onlara kendinizi o işe hasrettiğinizi gösterin.

İNSANLARI ÖDÜLLENDİRİN

Övgü kadar insanları güdülendiren pek az şey vardır. İnsanlar, onlardan beklentilerimiz oranında yanıt verir. Müthiş bir iş başarmakta olduğumuzu söylediğimizde, bu onları iyi yapılmakta olan iş için daha da çok çalışma isteğine götürür.

> İnsanlar, onlardan beklentilerimiz oranında yanıt verir.

Övgü toplum önünde yapıldığında, yararları çoğalır.Sadece övülen kişi daha çok çalışmakla kalmaz, aynı zamanda bu ona olumlu şöhret sağlar. Diğerlerinin gözünde o kişinin değerini artırdığı gibi, başkalarını da onun gibi olmaya güdüler.

Bir zamanlar, bunun nasıl gerçekleştiğini anlatan bir hikaye dinlemiştim. Ufak bir şehre taşındıktan birkaç ay sonra bir kadın, komşusuna, mahalledeki eczanede ne kadar kötü bir muameleyle karşılaştığından şikayet ediyordu. Komşusunun, eczane sahibinin arkadaşı olduğunu biliyor ve şikayetini gidip ona anlatmasını umuyordu.

Eczaneye bir dahaki gidişinde, eczacı onu kocaman bir gülümsemeyle karşıladı ve onu tekrar görmekten ne kadar mutlu olduğunu söyledi. Onun, kentlerini beğendiğini umduğunu söyledi, ona ve eşine yerleşmelerinde herhangi bir yardımda bulunabilecekse, bunu yapmaktan memnun olacağını söyledi. Sonra da siparişini hemen dikkatle hazırladı.

Daha sonra kadın, mucizevi değişiklikten komşusuna sözetti. "Sanırım eczacıya hizmetini ne kadar kötü bulduğumu söylediniz?" diye sordu. "Doğrusunu isterseniz öyle söylemedim",dedi komşusu,"Aslında ona -umarım kızmazsınız-, bir ufak kentte bu eczaneyi kuruşunu çok beğendiğinizi ve şimdiye kadar gördüğünüz eczaneler içinde en iyi işletilmekte olanlardan biri olduğunu düşündüğünüzü söyledim".

DOSTÇA REKABET YARATIN

İnsanların doğal bir rekabetçi ruhları bulunur ve bu ruhla bağlantı kurmak, olumlu güdülenme yaratılmasına olanak sağlayabilir. **Dost Kazanma ve İnsanları Etkileme Sanatı** adlı kitabında Dale Carnegie,güdülendirme ustası Charles Schwab'ın liderliğinde çalışan bir çelik haddehanesi müdürünün öyküsünü anlatır. Tesis müdürünün adamları, yapmaları gereken iş miktarını yerine getirmiyorlardı ve Schwab, onun kadar yetenekli birinin nasıl olup da haddehanenin üretimini olması gereken düzeye çıkaramadığını sordu.

"Bilmiyorum", diye yanıtladı adam,"Adamlara diller döktüm, onları zorladım, küfredip lanetler yağdırdım; onları tehdit edip belâ okuyacağımı, işten kovacağımı söyledim, ama hiçbir şey işe yaramadı. Üretmiyorlar işte".

Bu konuşma günün bitiminde, gece vardiyasının gelmesinden biraz önce geçmişti. Schwab adamdan, kendisine bir parça tebeşir vermesini istedi. Sonra bir işçiye dönerek, sordu: "Sizin vardiya, bugün kaç tavlama sıcaklığı elde etti?"

"Altı", diye yanıtladı işçi.

Schwab da yere kocaman bir "6" yazdı ve gitti.

Gece vardiyası işçileri geldiğinde, altı rakamını görüp ne anlama geldiğini sordular. Onlara, büyük patronun haddehaneyi ziyaret ettiği, gündüz vardiyasının kaç tavlama sıcaklığı elde ettiğini sorduğu, ve bu sayıyı tebeşirle yere yazdığı anlatıldı.

Ertesi gün Schwab tekrar haddehanenin içinden yürüyerek geçtiğinde, gece vardiyasının "6"yı silip yerine "7" yazmış olduğunu gördü. Gündüz vardiyası işçileri o gün işe başladığında, yerdeki kocaman "7"yi gördüler. Rekabet hissinden ilham alarak, gece vardiyasına söylenecek iki çift lâfları olduğuna karar verdiler.

Şevkle işe koyuldular; ve gitme zamanları geldiğinde, arkalarında kayda değer bir "10" bırakmışlardı.

Kısa sürede, o zamana kadar üretimde geri kalmış olan haddehane, tesisteki tüm haddehanelerden daha çok iş üretmeye başladı. Schwab diyordu ki: "İşlerin yaptırılması için gereken, rekabeti kamçılamaktır. Kastettiğim bunun çıkarcı, paragöz yönden değil, ancak daha üstün olma arzusuyla yapılması gerektiğidir".

ONLARA BİRAZ ZAMAN TANIYIN

Eğer insanları eğitiyor veya onları güdülendirmeye çalışıyorsanız, onlara zamanından önce fazla bilgi vermek iyi değildir. Çoğumuz güdülendirmek istediğimiz kişileri bir işe başlatırken onları bilgilerle aşırı yükleme ve sonra işe koyulduklarında da gereksinim duyduklarından daha az bilgiyi onlara verme eğilimindeyiz. Bir insan özüleyebileceğinden çok daha fazla bilgi edindiğinde, güdülenmesini kaybeder. Nihayet o bilgiyi kullanacak fırsat eline geçtiğinde, pek muhtemeldir ki çoğunu unutmuş olacaktır. Aklı karışabilir. Ve yine pek muhtemeldir ki, soru soramayacak kadar utangaç olacaktır. Tüm deneyim, olumsuz hale gelebilir.

Daha iyi bir yaklaşım, insanlara sadece yeteri kadar bilgi vererek iştahlarını kabartmak, yeni bilgiyi denemek için içlerinde heves uyandırmak ve sonra da onlara bunu uygulamaları için onlara izin vermektir.Bu sayede onlar da kendilerine söylenenleri anımsama olanağı bulmuş olurlar. Ve bu da onların küçük başarılara ulaşmalarına olanak sağlar. Bu başarılar onları daha çok öğrenme konusunda güdülendirir. Onları -öğrenmeye acıkmış ve bildiklerini uygulamaya istekli şekilde-, sürekli dönüp geri gelmeye çağırır. Ve öğrendiklerini hatırlayacaklardır; zira duyduğumuz, gördüğümüz ve yaptığımız şeyler, bizde yer eder.

KİŞİSEL İLİŞKİLERİ GÜÇLENDİRİN

Sizin için en değerli kişiler tarafından güdülenmenin ne kadar kolay olduğunun hiç farkına vardınız mı? Eşimizin veya çocuklarımızın bir arzusu olduğunda, bunu paylaşmasak bile yerine getirmeye çalışma konusunda istekli oluruz. Bu istek, yakın kişisel ilişkilerin güdülenmeye olan önemiini göstermektedir.

> Bize yakın insanları güdülendirmek bizim için kolaydır.

Değer verdiğiniz birisi tarafından güdülenmek çok daha kolaydır.O kişinin arzularını ve amaçlarını kendimiz için önemli hale getirmek bizim için daha kolaydır. Aynı şekilde, bize yakın insanları güdülendirmek de bizim için kolaydır. Gerçekte, bir insana ne kadar yakınsanız, onu güdülendirme yeteneğiniz ve gücünüz o kadar büyüktür.

Etrafınızda güdüleme arzusunda olduğunuz kişiler varsa ve onlar sizin için önemli kişilerse, onlarla ilişkilerinizi güçlendirmeye çalışın. Sizi daha iyi tanımalarını sağlayın. Ve onlar hakkında daha çokşey öğrenin.Böylece hem daha çok ortak ilgi alanı yaratılmış olacak, hem de size daha sağlam bir iletişim temeli sağlanmış olacaktır.

İNSANLARIN SONUÇLARI VE ÖDÜLLERİ YAŞAMASINI SAĞLAYIN

İnsanlar, sonuçlara bayılır. Bir zamanlar bir psikoloji hocası, sonuçların insanlar için ne denli önemli olduğunu kanıtlamak için bir deney yapmıştı.bir oduncu tutarak,bir ağaç kütüğünün kenarına ağzı keskin olmayan bir balta ile vurmasını istedi.adama, her zaman çalıştığı günlük saat kadar çalışacağı, ancak ücretinin iki misli olacağı söylendi. Tek yapması gereken, kütüğün yan kısmına baltayla vurmaktı.Oduncu yarım gün çalışıp, işi bıraktı. Bütün gününü kütüğe vurarak geçiremeyeceğini söyledi. "Yongaların uçuştuğunu görmeliyim" diyordu.

Etrafımızdaki insanlarda aynıdır.Sonuçları gördüklerinde ödüllenmiş olurlar. Pek çoğunun işini sürdürmesine olanak tanıyan budur. Otomobil tamircisi, tamir ettiği arabanın yoldan aşağı sürülmeye hazır olduğunu görmekten hoşlanır. Yemeği yapan ahçı, davetin çok beğenildiğini bilmek ister. Uzay mekiğinde çalışan perçinci ustası, onun uzaya gitmek üzere rampadan ayrılmasını seyrederek büyük tatmin duyar. İnsanları -bilhassa işleri, büyük bir işin bir parçası olan insanları- güdülendirmek istiyorsanız, onları sonuçlarla ödüllendirin. Onlara tamamlanmış ürünü gösterin. Onların katkılarının, büyük resimde nasıl bir yer tuttuğunu öğrenmelerine izin verin.Onların,bir fark yarattıklarını bilmelerineizin verin. Bu, onlara ilham verecektir.

ONLARA İNANIN

Tüm insanlar, önemli olduklarına inanmaktan hoşlanır. Başkaları içinbir değer ifade etmek isterler.Onları güdülendirebileceğiniz bir yol,onlara inandığınızı bilmelerini sağlamaktır.Önem verdiğinizibilmelerini sağlayın.Olmak istedikleri insan olma gücüne sahipolduklarını bildiğinizi söyleyin onlara.

Erişmelerinin mümkün olduğu parlak gelecek için onlara umut ve o yönde bir bakış sağlayın.

Bir insanı nasıl gördüğümüz, onun bizim için hangi düzeyde çalıştığını belirler. Onun güdülenme düzeyini belirler. Onu bir sorun olarak görürsek, o da o hale gelecektir. Onu başarılı biri olarak görürsek, başarılı olacaktır.

> Bir insanı nasıl gördüğümüz, onun bizim için hangi düzeyde çalıştığını belirler.

GÜDÜLENMEYE YAKLAŞIMLAR

Bahsi geçen sekiz kavram, temeldir. Bu temel beceriler olmadan insanları güdülendirmede zorluk çekersiniz; ançak sadece bunlar, sizi bir güdülendirme ustası haline getirmeye yetmez.Sebebiyse,herkesin aynı şekilde güdülenememesidir.

Standard Oil şirketi başkanı Frank O.Prior,herkesi güdülendirebilmek için tek bir tekniğin kullanılamayacağını söylemişti. Diyordu ki, "Bazı insanlara gülümsersiniz, bazıları size akıl danışır, bazılarına küfredersiniz. Onlarla yönergeler ve ilkeler çerçevesinde birey olarak çalışırsınız; yoksa sessizce ayaklanırlar". Onunla, birine küfretmenin uygun olabileceği konusunda asla aynı fikirde olmasam da, herkesin farklı olduğunu anlamış olmasını takdir etmekteyim. İnsanları güdülendirmede kullandığınız yaklaşım ne olursa olsun, hepsinden önce tavsiye ettiğim bir özel yol var -örnek olma. İnsanlar sizin ayak izlerinizi, tavsiyelerinizden daha çabuk takibeder. Albert Schweitzer'in dediği gibi, "Örnek olma, insanları etkilemede esas şey değildir. Yegâne şeydir".

> İnsanlar sizin ayak izlerinizi, tavsiyelerinizden daha çabuk takibeder.

Amerikan Devrimi'nin genel kumandanı veBirleşik Devletler'in ilk başkanı George Washington, örnek olarak yol gösteren bir güdülenme sağlayıcıydı. Devrim savaşı'nda bir gün General Washington, bir kalası yükseğe kaldırmaya çalışan bir grup askere atıyla yaklaştı. Onbaşı onlara cesaretlendirici sözlerle bağırıyordu,ama nafile.Washington ona,neden askerlere katılıp yardım etmediğini sordu.

Onbaşı çabucak yanıtladı, "Onbaşı olduğumu farketmediniz mi?"

Washington nezaketle cevap verdi, "Affedersiniz, Onbaşım, farketmedim".

Washington atından inerek, kalas yerine kaldırılıncaya kadar askerlerle birlikte çalıştı. Yüzündeki teri silerken, dedi ki:"Tekrar yardıma gereksiniminiz olursa, Başkomutan Washington'a bildirin, ben gelirim".

> Bir liderin örnek olarak kullandığı sözsüz mesaj, tüm güdülenme araçlarının en güçlüsüdür.

Birliderin örnek olarak kullandığı sözsüz mesaj, tüm güdülenme araçlarının en güçlüsüdür. Ancak bazen başka şeyler de teklif etmemiz gerekir. Başkalarını güdülendirmek için ricada bulunmak gerekebilir.Hedef hep aynıdır -belirli bir yönde hareket etmeye veya düşünmeye insanları yönlendirmek.

Başkalarını harekete ikna etme, güdülendirme veya manipülasyon yoluyla olabilir.Hangisi olduğu,ikna edenin niyetlerine bağlıdır. Diğer kişiyi kendi kişisel kazanımları için faaliyete ittiğinde bunun adı, manipülasyon'dur.İkisi birlikte karşılıklı çıkarları için hareket ettirdiğinde, bu güdülendirmedir.

Başkalarını her zaman güdülendirmeliyiz-onları hiçbir zaman manipüle etmemeliyiz.

İşte size, başkalarını güdülemede yaralanabileceğiniz dokuz yaklaşım. Bunlar, hemen herkese cazip gelir.

YARARLAR ÜZERİNDE DURMAK

Satış alanında kullanılan en yaygın vurgulama, güdülenmekte olan kişiye veya diğerlerine sağlanacak yararlardır. Bu yararlar, neredeyse her şey olabilir: duygusal, parasal, entellektüel, fiziksel, vb. Birisini egzersiz yapmaya, fiziksel nedenlere dayanarak güdülendirebilirsiniz. Emekliliğinde karşılığını alması için,kişiyi parasını biriktirmeye veya yatırım yapmaya razı edebilirsiniz.Birini,kendini iyi hissetmesini sağlayacak kıyafetler almaya ikna edebilirsiniz.Temel olarak,yararı olduğu sürece,bir şeyin yararlarından söz etmek, hemen herkesi, neredeyse her şeyi, neredeyse herhangi bir nedenle yapmaları konusunda güdülendirmek üzere kullanılabilir.

Size bir başka hatırlatma yapmama izin verin. Asla bir başkasına,sadece sizin sağlayacağınız yararlardan bahsetmeyin. Başkasının hevesini bunun kadar çabuk kıracak başka bir şey yoktur. İnsanlar, her ikiniz için karşılıklı yararlar-dan sözedilebiliyorsa,çok mutlu olacaklardır.Ancak sürenin uzunca bir kısmında, söyleseler de, söylemeseler de, asıl düşündükleri, "Bunun bana ne yararı olur?"dur.Onlara, sadece size olacak yararlardan bahsettiğinizde, karşınızdaki kendisini hakaret edilmiş ve manipüle edilmiş, kullanılmış hisseder.

DUYGULARA SESLENMEK

Duygulara yapılan çağrılar çok güçlü olabilir. Tarih boyu pek çok hatip, bu yolu kullanmıştır. Bir tarihçinin, Napolyon

Bonapart için söylediği gibi, "Başardıklarının yarısını, kelimelerin gücü sayesinde başarmıştır".

Duygusal yaklaşım, insanları çabuklukla ve coşkuyla harekete geçirebilir. Espri, aşk, nefret, merhamet, öfke, vb.nin tümü gayet etkili biçimde kullanılabilir. Duygular insanları harekete geçirir, ancak aynı zamanda kandırıcı da olabilir. Bir insanın güdüsü duygularla tahrik edildiğinde, ortaya çıktığı gibi hızla yok olabilir. Ancak hisler sürekli kılındığında, meselâ eşe veya çocuğa duyulan sevgi gibi, güdülenme da uzun bir süre çok güçlü kalabilir.

GEREKSİNİMLERE HİTABETMEK

Bir insanın gereksinimlerine hitabetmek, tüm güdülendirici unsurlar arasında en temel olanıdır. Herkesin ihtiyaçları vardır. Gerçekte insanların her gün yaptığı şey, gereksinimlerini karşılama arzuları tarafından güdülenmektir. Douglas McGregor'un dediği gibi, "İnsan, talepleri olan hayvandır - gereksinimlerinden biri karşılanır karşılanmaz, yerinde birbaşkası belirir. Bu süreç sonsuzdur. Beşikten mezara sürer. İnsan, ihtiyaçlarını tatmin için sürekli güç - istiyorsanız buna, iş diyelim - ortaya koyar. Gereksinimlere seslenmek, beş alanda incelenebilir:

> Bir insanın gereksinimlerine hitabetmek, tüm güdülendirici unsurlar arasında en temel olanıdır.

1. **Güvenlik Gereksinimi:** Güvenlik, tüm gereksinimler arasında en temel olanıdır ve birkaç alanı kapsar. Yeme, barınma ve giyinme gibi yaşamsal gereksinimlerle başlar. Ancak duygusal güvenliği de içine alır.

2. **Sevilme Gereksinimi:** Sevilme ihtiyacı, bir insanı ömür boyu etkiler. Çocukluğumuzda aldığımız veya alamadığımız sevginin miktarı, bizi tüm yaşam boyu etkisinde bırakır. Romantik aşk, bizi gençliğimizde ve evlilik yıllarımızda etkiler. Yaşlandıkça, sevgiye olan gereksinimimiz güçlü kalmayı sürdürür. Sevilme arzusu, tüm insanlar için en güçlü güdülenme araçlarından biridir.

Sevilme arzusu, tüm insanlar için en güçlü güdülenme araçlarından biridir.

3. **Yaratıcı İfade Gereksinimi:** Yaratıcı ifade gereksinimi, hepimizin içinde vardır.Bazı insanların duyduğu yaratıcı ifade gereksinimi hafiftir. Tarihteki büyük ressam ve besteciler gibi diğerleri içinse bu, onların yaşamlarını sürdüren itici güçtür.Bu gereksinimi karşılamak,onlara yaşamdaki en büyük tatmin hissini getirir.

4. **Farkedilme Gereksinimi:** Hiç kimse bir numara, veya istatistiksel bir bilgi olarak kalmak istemez.Hepimiz gerekli ve önemli olma gereksinimindeyiz.Bu nedenle farkedilme, tüm güdülendirici etmenler arasında en dinamiği olabilir.

J.C. Staehle adında bir adam, işçiler arasında bir araştırma yapmış. Onlar arasında huzursuzluğa neden olan en önemli beş nedenin,şunlar olduğunu ortaya koymuş:(1) önerilere önem verilmemesi;(2)yapılan hataların düzeltilmemesi; (3)cesaretlendirmede bulunulmaması; (4)diğerlerinin önünde çalışanları eleştirme; (5) çalışanların fikirlerinin sorulmaması. Her hususun, çalışanların önemini farketmemek üzerine kurulu olduğuna dikkat ediniz. Yapılan işi takdirde bulunmamak, aslında "Yaptığınız iş çok önemli değil" demektir.

Yapılan yanlışları düzeltmemek, aslında "O denli önemsizsiniz ki, hatalarınızla uğraşamayız" demektir.

5. **Yeni Deneyimlere Olan Gereksinim:** İnsanlarda yenilikler denemek üzere doğuştan bir arzu bulunur. Bu onları Everest'in tepesine çıkmaya, vahşi Afrika'yı keşfetmeye, yeni buluşlara itmiştir. Hiçbirimiz, şimdi bulunduğumuz yerde kalmak istemeyiz. Daima yeni vedaha iyi şeyler arayışında olmuşuzdur.Bu arzu, insanların en güçlü karakter özelliklerinden biridir. İnsanların gereksinimlerine hitabettiğimizde, hepimizin paylaştığı evrensel niteliklere dokunmuş oluruz. İhtiyaçlarımız, tarihimizin en asil ve en yüce başarılarından bazılarının güdülendirici unsurları olmuştur.

İnsanların gereksinimlerine hitabettiğimizde, hepimizin paylaştığı evrensel niteliklere dokunmuş oluruz.

YETENEKLERE HİTABETMEK

Herkes, uzman olmaya bayılır.Bir insana yetenekleri yönünden hitabettiğinizde, bu onun öz-değer duygusuna hitabeder. Der ki; "Sizin bunu yapmanızı istiyoruz, çünkü siz en iyisiniz. Siz, bu işin uzmanısınız". Charles Schwab diyor ki, "Konumu ne denli yükseltilmiş olursa olsun, onaylanma duygusuyla, eleştirilme duygusuyla olduğundan daha iyi iş yapmayan ve daha çok kuvvet ortaya koymayan adamı henüz bulamadım". Bir insanın yeteneklerine hitabettiğinizde bu, onaylamaduygusunu ifade etmenin engüçlü yolu olmaktadır.

ÖNEMLİ GÜNLER ÜZERİNDE DURMAK

Bazen koşullar bize diğerlerini güdülendirme fırsatları verir. Yakın bir geçmişte şehrimizin Amerikan futbol takımı, Süper Kupa (Super Bowl) denen şampiyonluk maçına gitti. Oldukça önemli bir olaydı, zira takımımız bu maça daha once hiç çıkmamıştı.

Şehrin insanları çıldırdı! Takım ve başarısı, televizyon ve radyo programlarının en önemli konusuydu. Sanki şehirdeki tüm konuşmalar oyuncular ve antrenörler hakkında gibiydi. Takımın renkleri ve arması her yerdeydi -şehir merkezindeki binaların yan cephelerinde, insanların evlerinin üstünde, restoranlarda. Takım, insanları heyecanlandırmıştı. Ve güdülenmişlerdi - takıma ait hediyelik eşya satın alıyor, partiler düzenliyor, normalde konuşmadıkları yabancılarla konuşuyorlardı. Bu onları, harekete sevketmişti.

Benzer bir olay, genelde size daha önce güdülendiremediğiniz insanları güdülendirme fırsatı verir. Bazen bu sesleniş, olayla doğrudan ilişkili olmayabilir; yalnızca o olaydan kaynaklanan ivmeyi, heyecan yaratmak üzere kullanabilir.

Bazı zamanlar güdülendirmenin kaynağı, olayın kendisi olabilir. Siz ve arkadaşlarınızdan oluşan bir grubu, doğum günü dolayısıyla bir arkadaşınızın hoşuna gidecek bir şey yapmaya güdülendirecek kadar basit olabilir. Veya yeni yıl kutlamalarını, sizi rejime girmeye isteklendirecek bir vesile olarak görebilirsiniz. Genelde olayın kendisi önemli değildir - ona nasıl baktığınız ve onu dürtü olarak kullanmak üzere nasıl bir yol olarak gördüğünüz önemlidir.

SADAKATE HİTABETMEK

İnsanların pek çoğu, birine veya bir şeye sadık kalır - ailelerine, şirketlerine, ülkelerine, toplumlarına, vb. Bu sadakat,onları güdülendirme konusunda bir fırsat yaratır.İnsanlar sadık oldukları her kimse veya her neyse, ona yardım etme, onu iyileştirme veya onu savunmaya arzu duyar.Sadakat arttıkça, güdülenme potansiyeli güçlenir. Yeter ki onlara, önerdiğiniz hareketlerin sadık oldukları nesneyi ne şekilde etkileyeceğini gösterin.

İNANÇLARA HİTABETMEK

> En uzun süre kaybolmayan hitaplar, insanların süregiden değerlerine - inançlarına yapılan seslenişlerdir.

En uzun süre kaybolmayan hitaplar, insanların süregiden değerlerine - inançlarına yapılan seslenişlerdir. Verilmesi gereken en doğru kararın veya yapılması gereken en doğru şeyin ne olduğuna inandığımızda bu, bizim güdülenmemize ve daha da önemlisi, güdülenmiş olarak kalmamıza yardımcı olur. İnançlar insandan insana olduğu gibi, bir toplumdan diğerine de değişebilir. Bir başkasını inançlarımıza dayanarak güdülendirmeye çalıştığımızda, onun milliyetini veya toplumunu, dinî inançlarını, sınıfını veya sosyo-ekonomik grubunu, yetiştirilme tarzını, aile geçmişini, kültürünü, vb. gözönünde bulundurmalıyız. En kolayı, zaten kendininkilerle benzeştiği; veya siz onlara benzer değerler geliştirmelerinde geçmişte yardımcı olduğunuz için sizin değerlerinizi paylaşan kişileri güdülendirmektir.

* * *

Tüm başarılı insanlar kişisel güdülenme(ler)e sahiptir; bu onlara dayanma ve çevre koşullarından veya kendi kusurlarından ve hatta kendi tutumlarından kaynaklanan her tür engelin üstesinden gelme isteği verir. Ancak başarılı liderlerin başka bir yeteneği daha bulunmaktadır. Onlar görüşlerini sadece kendi yaptıklarıyla değil, diğerlerinin de katkılarıyla yerine getirebilirler; zira insanları anlamakta ve onların nasıl güdülendirildiğini bilmektedirler.

Ann Arbor,Michigan'daki Michigan Üniversitesi Araştırma Merkezi'nde 1949'da, şimdi halen sürdürülmekte olan bir çalışma başlatıldı. İnsanları neyin daha çok çalışmaya istekli kıldığını, nasıl olup da insanların daha çok üretmesinin ve daha iyi iş yapmalarının gerçekleştiğini bulmak istediler. Gördüler ki, altında çalışan insanlarla ilgilenen ustabaşı, onları daha çok çalışmaya zorlayan ve onlara beylik taslayan ustabaşından daha çok iş yaptırabiliyor.

> Başarılı liderler görüşlerini, sadece kendi yaptıklarıyla değil, diğerlerini de katkılarıyla yerine getirebilirler, zira onların nasıl güdülendirildiğini bilmektedirler.

Science Newsletter adlı yayında, bu bilim adamlarının bulguları hakkında bilgi verilirken, deniyordu ki,"Üretimde baskı uygulamak, bir dereceye kadar sonuç verebilir. Ancak en iyi sonuçlar, çalışanın iç güdülenmelerine - kendini ifade etme, kendi kendine kararlı olma ve kişisel değer duygularına - dokunulduğunda ortaya çıkar. Bir insan, kendisine karşı bir kişilik olarak davranıldığında, işini yerine getirmede kendisine bir ölçüye kadar serbesti tanındığında ve kendi kararlarını vermede özgür bırakıldığında, daha verimli çalışır".

İnsanların iç güdülenmelerine dokunma yeteneği, dünyayı değiştirebilir. Doğru niyetlerle yapıldığında, her zaman kazanım sağlar. Güdülenmekte olan insanlara gerçekten istedikleri şeyi yapmaları için bir neden sağlar. Güdüleyen kişinin de, kendisini ve başarma yeteneğini geliştirmesinde yardımcı olur. Herkese daha büyük başarı getirir.

> İnsanların iç güdülemnelerine dokunma yeteneği, dünyayı değiştirebilir.

BAŞARI STRATEJİLERİ İÇİN ALIŞTIRMALAR

1. Yaşamınızda güdülenmeniz gereken bir alan seçin. Yapmanızgerektiğine inandığınız,ancak bunu gerçekleştirme konusunda kendiniziyeterince disipline olmamış bulduğunuz bir alan olmalıdır bu.Sonra, bölümde anlatılan işlemden geçerek kendinizi güdülendirin:

   a. **Başlamakla kazanacaklarınızı ve başlamayı ihmal etmekle ortaya çıkacak kaybınızı toplayın.** Bunları, yazarak görmenizi sağlayın. Onları düşünmekle kalmayın, zira sizin için yeteri kadar somut görünmeyeceklerdir.

   b. **Aciliyet duygusu yaratın.** Başlayabileceğiniz en erken tarihi saptayarak bunu takviminize işaretleyin ve bir yakınınıza ne yapmak niyetinde olduğunuzdan bahsedin. Bu kişiye, başlangıç tarihinizden sonraki birkaç gün içindesizi sorgulamasını tembih ederek, niyetlendiğiniz şeyi yaptığınızdan emin olun.

   c. **Hemen şimdi bir program yapın.** Yapmak istediğiniz şeyi küçük adımlara ayırarak veya daha ufak işler haline getirerek bölün. Her işi veya bölümü takvim üzerine işaretleyin.Bu,aynı zamanda bir bitirme hedefinin de oluşmasını sağlayacaktır (eğer sizinki, egzersiz gibi sürekli bir faaliyet değilse).

d. **Başlamayı, heves gelene kadar ertelemeyin.** Başlama tarihinde işe koyulmayı kararlaştırın ve kendinize ne hissetiğinizin başlamakla hiç ilgisi olmadığını anımsatın. Aynı gün içinde başlamak, genelde en kötüsü gibi gelir. Yine de dayanmaya hazırlıklı olun.

e. **Başlamak için,başlamadan önce her soruna çözüm bulmayı beklemeyin.** Sorunları mazeret olarak kullanmanıza izin vermeyin. Onları karşılaştıkça çözümleyin.

2. Bir hafta boyunca, diğerlerini elinizden geldiği kadar ödüllendirin. Takımınızın başarısında onların katkılarından söz edin. İnsanların yaptığı her şeyde olumlu bir yön bulun ve diğerlerine bundan bahsedin. İnsanları başkaları, özellikle de kendi aile bireyleri ve arkadaşları önünde övün. Bir hafta içinde dahi olumlu sonuçlarla karşılaşmanız gerekir.

3. Bir dahaki sefer kendinizi öğretici veya eğitici konumunda bulduğunuzda, biraz zaman tanıma tekniğini kullanın. Karşınızdakine işin veya görevin kısa bir özetini yaparak, gideceği yolu kavramasını sağlayın, daha sonra da ona ancak başlaması için yeterli olacak bilgiyi verin. Hemen başarılı olmasını sağlamak için, ona öğrendiklerini derhal uygulama olanağı verin. Sonra ona bir sonraki adım için yeterli bilgi vererek, yine uygulamasında yardımcı olun. Gerekli olduğu kadar bu işlemi tekrarlayın.

4. Şimdi olduğundan daha çok güdülemek istediğiniz bir kişiyi seçin. Bu bir iş arkadaşı, çalışan, tanıdık, aile bireyi, vb.olabilir.Sonra bu kişiyle daha yakın bir ilişki kurmak üzerinde çalışın. Birlikte bir sosyal etkinliğe katılın. Onu eve yemeğe davet edin. Onun hoşlandığı zevkli bir etkinliği beraber gerçekleştirin. Birlikte oturup konuşun.Diğer bir deyişle,o insanı daha yakından tanıyın ve onunla aranızda olumlu bir ilişki geliştirin.

5. Bir dahaki sefer birisini güdülemek istediğinizde işe başlamadan önce, o kişi için nelerin önemli olduğunu -gereksinimlerini ve isteklerini - düşünün. Sonra, bu isteklere seslenecek bir yaklaşım oluşturun. Bu yaklaşımın onu manipüle etmediğinden, ancak güdülendirdiğinden emin olun. Sonra bu yaklaşımı, onları ikna etme ve güdüleme yolunda kullanın.

Onuncu Bölüm

Başarılı insan,
LİDERLİK
gösterir

Liderlik, otorite kullanımı değildir - insanları güçlendirmektir.

-Becky Brodin

Bir liderin büyüklüğü, inançlarının derinliği, heveslerinin yüksekliği, görüşünün genişliği ve sevgisinin menzili ile ölçülür.

-D. N. Jackson

Ufak zaferler yalnız başına elde edilebilir; ancak büyük zaferlere; en sonunda başarıyı getirenlere, asla tek başına ulaşılamaz. Onlara erişmek için, diğer insanları da katmanız gerekir. Ve bir hedefe ulaşmada diğerlerini de dahil ettiğiniz her seferde, liderlik alanına girmişsiniz demektir. Her şey liderlikle yükselir veya ona bağlı olarak düşer.

Her şey liderlikle yükselir veya ona bağlı olarak düşer.

LİDERLİĞİN DOĞASI

Liderlik, tam olarak nedir? Warren G.Bennis diyor ki, "Liderlik, görüşü gerçeğe dönüştürme yeteneğidir". En geniş anlamda, bu doğrudur. Lider, görüşünü gerçekleştiren kişidir; ancak buna önemli bir diğer ögeyi de katmanız gerekir - diğer insanlar. Lider; görüşünü sadece kendi gayretleri ile değil, başkalarınınkini de buna ekleyerek gerçekleştirir.Lider olduğunu düşünen, ancak hiç kimsenin kendisini izlemediği bir kişi, sadece yürüyüş yapıyor demektir.

Webster Sözlüğü, ***liderlik*** kelimesini şöyle tanımlamaktadır: "bir liderin konumu veya yol göstericiliği; yol gösterebilme yeteneği". Bu tanımlama pek yararlı olmamaktadır. Gerçekte, liderlik hakkındaki sık rastlanan bir hatayı vurgulamaktadır. Pekçok kişi liderliğin, gücünü bir konumdan veya ünvandan aldığına inanmaktadır. Patronun yol göstermekte oluşunun konumundan, müdürün yol göstermekte oluşunun da ünvanından kaynaklandığını düşünürler. Ancak liderliğin gerçek doğası bu değildir. Konumunun dar parametreleri içinde yol göstermekten fazlasını yapamayan biri, gerçek bir lider değildir. John White'ın dediği gibi, "İnsanlar programları değil, onlara ilham veren liderleri izler".

> Liderlik, etkidir.

Gördüğüm en iyi liderlik tanımı, şudur: Liderlik, etkidir. Gerçek lider, diğerlerini kendisini izlemeleri yönünde etkileyebilen kişidir.Onsuz da birleşip harekete geçmelerini sağlayabilir. Etrafındaki kişileri kendi görüşünün, hedeflerinin ve başarılarının yönünde zorlamadan yüreklendirir. Ve onlara başarmaları için güç verir.

> Liderlik, insanın karakteri ve görüşü ile - kişi olarak kim olduğunun temeli ile başlar.

Liderlik, insanın karakteri ve görüşü ile - kişi olarak kim olduğunun temeli ile başlar. Liderlik uzmanı Fred Smith'in dediği gibi, "Liderler, kendilerini yargıladıkları ve yargılanmak istedikleri standardları yükselterek öne geçer ve orada kalırlar". En iyi liderler sürekli büyüyen, esneyen ve öğrenenlerdir.Liderliğin bedelini ödemeye hazırdırlar: kendilerini daha iyiye götürebilmek, görüşlerini genişletebilmek, yeteneklerini artırabilmek, güçlerine erişebilmek için gereken fedakârlıkları yapmaya hazırdırlar. Çabaları ile, başkalarının gıpta ettiği kişiler haline gelirler.

Kişisel nitelikleri iyi olan güvenilir kişiler, gıpta edilecek özellikleri olmayan insanlaraoranla daha iyi liderlerdir;ancak bu iyi nitelikler tek başlarına onları lider yapmaz. Bu sıfatlar, diğerleriyle olumlu şekilde etkişebilme yeteneği ile birleşmelidir. Liderler insanlarla olumlu ilişkiler geliştirirler, onlara önem vermeye, onlarla iletişimde bulunmaya ve onları güdülendirmeye başlarlar.Olumlu düşünme, karakter, görüş, iletişim - bu kitabın içeriğinin büyük bölümü - liderliğin temelini oluşturan prensiplerdir.

LİDERLİK TÜRLERİ

> Lider, insanların nerede olduğunu belirleyebilir ve sonra da onları adım adım görüşünü gerçekleştirmeye doğru hareket ettirebilir.

Gördüğünüzgibi liderlik; liderin içinde, onun kendi kararlılığı ve görüşü ile başlar. Liderin, insanların nerede olduğunu belirleyebilmesi ve sonra da onları adım adım görüşünü gerçekleştirmeye doğru hareket ettirebilmesi ile sürer. Eski A.B.D. başkanı Jimmy Carter'ın eşi Rosalyn Carter, şöyle diyor, "Lider, insanları gitmek istedikleri yere götürür.

Büyük liderse, insanları gitmek istemeyebilecekleri, ancak gitmeleri gereken yere götürür".

Tüm liderler insanları etkiler; ancak hepsi bunu bazı etmenlere bağlı olarak, farklı biçimlerde yapar: kişiliği, çalıştığı organizasyon, kültürü, gelenekler, verilmiş bir konunun zamanlaması ve yapısı. Gerçekte takibedilecek tek doğru yol yoktur. Liderliğin temel prensipleri değişmez, ancak liderlik tarzları değişir. İşte size, sık görülen beş liderlik tipi:

BASKICI LİDER

Baskıcı veya baskın lider, dikkatini işleri halletme üzerinde toplar ve bunu emirler vererek gerçekleştirir. Genelde yapılmasını istediği görevler tamamlandığı ve hedeflerine varıldığı sürece, takipçilerinin tepkileriyle veya duygularıyla ilgilenmez.

Baskın tipte bir liderlik tarzını sürekli uygulayanlar genelde sindirici insanlardır; körü körüne itaat beklerler, iletişimleri tek yönlüdür; denetleyici ve olumsuz olma eğilimindedirler. İyi yönü, yapılmasını istedikleri şeylerin genelde çabuk ve istedikleri şekilde gerçeleştirilmesidir. Kötü yönü, takipçileri arasındakırgınlıkların gelişmesi,yol göstericisi oldukları düzenekorku salmaları ve bu insanlar arasında gruba katılmalarla gruptan ayrılmaların yüksek oranda görülmesidir.

Baskıcı bir tarz, bir liderin sıklıkla benimsememesi gereken -ve herzamanki tarzı olarak asla benimsemesi gereken- bir stil olmasına rağmen, etkili olduğu zamanlar vardır.Örneğin baskıcı tarz, kriz zamanlarında genellikle gereklidir. Bu nedenle askeriye bunu kullanır.Askerler bir kriz zamanı sayılan savaş sırasında hemen ve körü körüne harekete geçmeye hazırlıklı olmalıdır.

Kısıtlı liderlik deneyimi olan insanlar, liderliğin emir vermek olduğunu sanır. Bunun altında kalacak herhangi bir şeyin, ya etkisizlik veya istenmeyen feragatlerle sonuçlanacağını sanırlar. Bu hiç de doğru değildir. II. Dünya Savaşı generali ve sonra Birleşik Devletler başkanıolan Dwight D.Eisenhower diyor ki, "İnsanları kafalarına vurarak yönetemezsiniz - bu liderlik değil, saldırıdır". En etkili liderlik tarzları, insanların hissettikleri ve düşündükleriyle ilgilenir ve iyi iletişim yeteneklerini işin içine sokar.

En etkili liderlik tarzları, insanların hissettiklerini ve düşündükleriyle ilgilenir ve iyi iletişim yeteneklerini işin içine sokar.

ANLAŞMACI LİDER

Bazı liderler, anlaşmaya varma hususunda rahatsızdır. Onlar için **müzakere,** akla kabul edilemeyecek fedakârlıklar getirir.Kaybetmek istemedikleri şeylerdenvazgeçmek anlamına gelir. Ancak anlaşmacı bir liderin tarzı, kaybedici değildir. Diğerlerinin kazanmasına yardımcı olan bir galibin tarzıdır.

Başarılı bir anlaşmacı lider, her liderlik ettiğinde, herkesin kazançlı çıkacağı bir durum yaratmayı ister.

Başarılı bir anlaşmacı lider, her liderlik ettiğinde, herkesin kazançlı çıkacağı bir durum yaratmayı ister.Kazançlı olmalarını istediği taraflar (1) organizasyon, (2) takipçileri, ve (3) kendisidir. Organizasyonun gereksinimlerini ve takipçilerinin istediklerini muhakeme edebildiğinde ve kendi arzularını iletebildiğinde, bunu başarabilir.

İşte size,liderlikte anlaşarak başarılı olabilmek için dokuz müzakere prensibi:

1. **Hedefinizin, herkesin kazançlı çıkması olduğunun bilincinde olun.** Müzakereci bir yaklaşım kullanan bir liderin, vardırdığı anlaşmaların sonucunda hep kazananlar ve kaybedenler oluyorsa, o lider başarılı olamaz. İşlemden birilerinin kayıplarla çıkmasına izin veren lider, diğerlerinin kendisine güvensizlik duymasına ve gücenmesine neden olur. Bir lider herkesi kazançlı kılmakla nam salmışsa, o zaman başkaları daonun liderliğinde toplanmaya can atar.Ve eğer, önce kazananın kim olacağını belirleme konusunda bir seçim yapma zorunluluğunda kalırsa anlaşmacı lider, şu sıralamayı yapar: önce organizasyon, sonra takipçileri, ve son olarak da kendisi.

2. **Müzakerelere,büyük beklentilerle başlayın.** Bir işe başlarkenki tutumunuz, o işin sonucunu diğer tüm etmenlerden daha fazla etkiler. Eğer herkesin kazançlı çıkacağı bir sonuç yarabileceğinize inanıyorsanız, muhtemelen başarabilirsiniz. Buna inancınız yoksa, muhtemelen başaramazsınız.

3. **Size neyin müzakereyi bıraktırabileceğini önceden belirleyin.** Hiçbir müzakereye, "ne pahasına olursa olsun" devam edilmemelidir. Bir müzakereyi bırakıp çıkamayacağınızı hissttiğinizde, kazananların ve kaybedenlerin olduğu bir sonuca ulaşılması olasılığı büyük ölçüde artar.

Bunun meydana gelmesini önlemek için,nelerin sizi müzakereyi terketmek zorunda bırakacağını önceden belirleyin.

İşte benim listem. Bunu, kendinizinkini oluşturmada yardımcı olarak kullanın:

a. Olumsuz tutumlar
b. Güvensizlik
c. Kazananlar ve kaybedenler senaryosu
d. Hepsini ver ve hiç alma
e. Tehditler
f. Sırlar
g. Kişisel saldırı veya eleştiriler
h. Sabit fikirlilik

4. **İnsanı, konulardan ayrı tutun.** Konulardan ziyade insanlar üzerinde yoğunlaşan müzakereler ya sonuçsuz kalmaya, ya da kazananlar ve kaybedenler yaratmaya mahkûmdur. Kişiliklerin, müzakerelere konu olmasına izin vermeyin.

5. **Diğer kişinin ne istediğini önceden keşfedin.** Sizin amacınız herkesin kazançlı çıktığı bir durum yaratmak olduğuna göre, herkesin ne istediğini bilmek en iyisidir. Biraz zaman ayırarak, müzakereden önce diğer kişinin ne istediğini anlayın. Böylece görev herkes için kolaylaşacak, ve müzakereler çok hızlanacaktır. Ve müzakere başladığında, diğer kişiye her türlü konunun masanın üstüne önceden konacağını bildirdiğinizden emin olun. Eğer siz herkes için kazanç sağlamaya çalışırken yeni hususlar ortaya atılmaya devam edilirse,müzakere işlemi düzgün gitmez.

6. **Karar vermeden önce değişik seçenekler üretin.**

> Birden fazla olasılık arayan bir tutum, esnekliği artıracağı gibi, herkes için başarı şansını da yükseltmiş olur.

Müzakereci bir tarz geliştirmenin en güçlü yanlarından biri, olasılıklar yaratmasıdır. Esnek olabilmeyi mümkün kılar. Bir müzakereye sabit bir programla ve olasılıkları incelemeye karşı bir tutumla her yaklaştığınızda, o müzakerenin sonuçsuz kalması veya kaybedeceklerin ortaya çıkması olasılığı ortaya çıkar. Diğer yandan, birden fazla olasılık arayan bir tutum, esnekliği artıracağı gibi, herkes için başarı şansını da yükseltmiş olur.

7. **Edilen feragatleri bire bir karşılık getirmeyin.** Bazı müzakereciler,adil olma arzusuyla,bulunulan feragatleri bire bir karşılaştırma yoluna gider. Diğer bir deyişle; eğer bir hususta fedakârlıkla anlaşma sağlanırsa, diğer kişinin de bir konuda kabul göstermesi gereğine inanırlar. Eğer tüm noktalar veya konular tamamen eşit olsaydı, o zaman bu yol işe yarayabilirdi.Sorun, böyle olmamalarıdır.Sizin bir fedakârlığınız, diğerinin sekiz feragatine denk olabilir. Bu nedenle, en iyisi her zaman tarafların her birinden her seferinde puan alma yoluna hiç gitmemektir. Bunun yerine, her insana, "kazanan" olması için sahip olması gerekenleri, kabul edebileceği feragatlerle birlikte kendisine vererek, herkes için kârlı bir durum ortaya çıkarmaya çalışın.

> Önce berbat görünen bir teklifin içinde büyük bir fırsat saklı olabilir.

8. **Saçma teklifi de dikkatle gözden geçirin.** Bir müzakere sırasında aldığınız saçma bir teklifi, asla bir kalemde silmeyin. Önce berbat görünen bir teklifin içinde büyük bir fırsat saklı olabilir Saçma teklifler, şunları içerir:

a. Daha önce hiç aklınıza şeyler,
b. Normal yapının dışındaki şeyler,
c. Fazladan kuvvet hercamayı gerektiren şeyler,
d. Gerçek olamayacak kadar güzel görünen şeyler,
e. Sorulara neden olacak şeyler.

Her teklifin sağlayacağı yararları düşünün. Gözünüze çarpan dezavantajların, görünmeyen yararlar yanında sönük kaldığı sonucuna varabilirsiniz.

9. Anlaşmayı değerlendirmek için bir zaman sınırlamanız ve elle tutulur bir yönteminiz bulunsun. Bir müzakere, başarının ne olduğunu tanımlamadığınız sürece başarılı olamaz.Kazançlı çıktığınızı anlamanız için, gelecekte hangi koşulların sağlanması gerekeceğini belirleyin ve bu kararı vereceğiniz zamanı seçin.

Anlaşmacı lider yaklaşımı özellikle yaratıcı ve esnek kişilerle çalışmaktaysanız çok etkili olabilir. Bilhassa kendisini organizasyonun başarısına adamış kişiler üzerinde gayet iyi sonuçlar elde edilir.

İKNA EDİCİ LİDER

Bazen bir lider, kendisini organizasyon için ve takipçileri için en iyi olanı bildiği, ancak onların bu inancı henüz paylaşmadığı bir durumda bulabilir. Böylesi bir durumda, ikna edici bir liderlik yaklaşımı gayet etkili olabilir. İkna edici lider, diğerlerinde kendisininkilere benzer duygular uyandırma amacıyla onlara sözlü hitaplar kullanır.

Diğerlerini ikna etmek, onlarla sadece görüşlerinizi paylaşmak değildir.Yalnızca bu, hiç kimseyi değişmeye razı edemez. İşlem stratejik olarak gerçekleştirilmeli ve doğru motif ve tutumlarla desteklenmelidir. İşte size, yol gösterici olarak kullanabileceğiniz altı adet ikna prensibi.

1. **Tutku temeldir:** Dokuzuncu bölümde söz edildiği gibi, insanlar sadece kendileri ikna olmuş kişilerce ikna edilebilir. Tutku, iç inancın dışa vurumudur.

2. **Güven gereklidir:** Lidere güvenme; takipçilerin, liderlerinin fikirlerine de güvenmelerini sağlar. Fikirler müthiş olsa da, güvensizce sunulduklarında asla ikna edici olamazlar.

3. **Nerede olduklarını bilme vazgeçilmezdir:**İnsanların inançlar veduygular bakımından nerede olduklarını bilmezseniz,onları hedefinize götüremezsiniz. Onlarla nereden başlayacağınızı bilmeniz vazgeçilmezdir.

4. **Nedenler açıktır:** İnsanların nerede bulunduklarını bildiğinizde,onlara değişmeleri içiniyi sebepler bulmalısınız(Değişik hitaplar için,dokuzncu bölüme bakınız).

5. **Bütünlük esastır:**Aristo,ikna etmedegerekli üç bileşenden bahseder:mantığa seslenen ***logos,*** duygulara seslenen ***pathos*** ve güvenme ile ilgili olan ***ethos.*** Diğerlerini ikna etmek isteyecekher liderin, güvenilirliği olması şarttır. Bu husus; ikna edici lider ile, manipülasyoncu fırsat düşkünü arasındaki farkı belirler.

6. **Sevgi, güdülendiricidir:**Başkalarını ne zaman ikna etmeyi arzularsanız, yüreğinizde daima, onlar için en yararlı olacakşeyleri taşımalısınız.Ve bunu onlara göstermelisiniz. Daha önce pek çok kez söylediğim gibi, insanlar ne kadar bildiğinize aldırmaz,ne kadar ilgilendiğinizi bilene kadar.

İknaedici liderlik için temel noktalar; görüş, iletişim, ve güdülenmedir. Organizasyonunuz ve adamlarınız için değerli bir görüşünüz varsa, bu görüşü diğerlerine iletebiliyorsanız ve onları harekete geçmek üzere güdülendirebiliyorsanız, başarıya ulaşabilirsiniz.

> Organizasyonunuz ve adamlarınız için değerli bir görüşünüz varsa, bu görüşü diğerlerine iletebiliyorsanız ve onları harekete geçmek üzere güdülendirebiliyorsanız, başarıya ulaşabilirsiniz.

ÖRNEK OLAN LİDER

Örnek olma, insanlar üzerinde muazzam etkilidir. Bunu her ana-baba bilir. Hangi baba veya anne, okul öncesi çocuğunun, kendisinin sıklıkla kullandığı bir deyimi kullandığını duyarak yerinden sıçramamıştır. Büyüdükçe onlara kısa bir süre için "yaptığımı değil, söylediğimi yap"a uymayazorlayabiliriz. Ama gençkızlık veya delikanlılık yıllarına geldiklerinde çocuklar, kendilerine ne söylenirse söylensin, ana-babaları gibi davranmaya başlar.

> Olumlu örnek, olumlu hareket doğurur.

Yetişkinler olarak dahi, başkalarını model alma hususunda güçlü biçimde etkileniriz. Birisi gıpta ettiğimiz olumlu bir şey gerçekleştirdiğinde ve onun bunu nasıl ve neden yaptığını görebildiğimizde,doğallıkla aynısını yapma arzusu duyarız. Olumlu örnek, olumlu hareket doğurur.

Birleşik Devletler eski başkanı ubert H.Humphrey diyor ki, "O halde bu, kendimiz için kabul etmemiz gereken bir sınavdır; yalnız başına yürümemek, ancak başkalarının da

Size katılanlar, sizin arkanızdan yürüyenlere nazaran kendilerini her zaman daha çok adamış kişiler olurlar.

bize katılmalarını özendirecek biçimde yürümek". O, örnek olmanın, liderlikte büyük bir güç olabileceğinin bilincindeydi.Size katılanlar, sizin arkanızdan yürüyenlere nazaran kendilerini her zaman daha çok adamış kişiler olurlar. Ve onlar aynı zamanda daha uzaklara yürüyebilirler.

GÜÇLENDİRİCİ LİDER

Liderliğin en yüksek biçimi, güç verici olanıdır. Güçlendirici lider, insanlarıyla arasında ilişkiler kurar, olumlu görüşünü onlara iletir, onları buna erişebileceklerini inandırarak güdüler ve başarmaları için onlara donanım sağlar.Başarı için adamlarıyla ortaklık yapar.

Liderliğin en yüksek biçimi, güç verici olanıdır.

Eski dünya savaş kahramanı ve bilge kişisi Pittacus der ki: "Bir adamın ölçüsü, gücü ne yönde kullandığıdır". Vasat bir lider en büyük önemi, gücünü koruma hususuna verir. Ona tutunma arzusundadır, zira bunu sınırlı, yeri kolay doldurulamayacak bir kaynak olarak görür. Sonuç olarak, onu istif eder ve gücün getirdiği ayrıcalıkları elden çıkarma konusunda da aynı ölçüde isteksizdir.

Güçlendirici lider, sahip olduğu gücü alır ve onu insanlarına verir.

Diğer yandan güçlendirici lider, sahip olduğu gücü alır ve onu insanlarına verir. İnsanları güç ve sorumluluk taşıyacak biçimde eğitir ve geliştirir, sonra da onlara otorite verir. Etrafındaki insanlar, onun başarısını paylaşır.

Güçlendirici liderlerin, göze çarpan altı liderlik özelliği bulunur:

1. **Kendilerinden daha büyük bir görüşe sahiptirler.** Görüşü büyük olmayan liderlerin, diğerlerini işe alması veya güçlendirmesi için neden yoktur. Görüş ne kadar büyükse,onu gerçekleştirmek için diğerlerinin yardımına o kadar çok gereksinim bulunur. En büyük liderlerin, kendilerinden de, kendi kendilerine gerçekleştirebileceklerinden de çok daha büyük görüşleri bulunur.

Görüş ne kadar büyükse, onu gerçekleştirmek için diğerlerinin yardımına o kadar çok gereksinim bulunur.

2. **İnsanlara inanırlar.** İnsanlara inanmadan onlara güç veren bir lidere henüz rastlamadım. Hepsi özde insanları seven ve onlara yardım etmek, onların yardımını almak isteyen insanlardır. Ancak başkalarının size yardım edebileceğine inanırsanız onlar da size gerçekte yardım edebilirler.

3. **Kendi kendilerinden hoşnutturlar.** Güçlendirici liderlerin sahip oldukları gücü kolayca başkalarıyla paylaşabilmelerinin bir nedeni, kendi kendilerinden hoşnut olmalarıdır. Kendi güçlerinden ve zayıflıklarından haberdardırlar ve kendilerinden memnundurlar. Güç verdikleri insanlardan biri tarafından geçilme gibi bir korkuları -ki bu herzaman olasıdır-, hiç yoktur.

4. **İnsanları geliştirirler.** Diğerlerinin büyümesine ve daha iyi olmasına yardım etme arzusu, güçlendirici liderin her zaman gönlündedir. Tam kuvvetlerine

erişinceye, kendi alanlarında büyük liderler oluncaya kadar diğerlerine yardım edebilme yolları ararlar. Ralph Nader diyor ki, "Liderliğin hedefinin daha çok izleyici kazanmak yerine, daha çok lider geliştirmek olduğu düşüncesiyle işe başlarım".Geliştirmeci liderler de zamanlarını, paralarını ve enerjilerini kendilerini daha iyiye ulaştırmak isteyenlere verirken, işte tam bunu yaparlar.

5. **Bir hizmetkâr yüreğine sahiptirler.** Kendilerini başkalarıyla paylaşma istekleri, gelişmeci liderlerin takipçilerine hizmetetme arzusunu gösterir.Dünyalarını, başkalarına yardım ederek iyileştirebilmeyi umarlar.

6. **Çok başarılıdırlar.** Güçlendirici liderler, en üstün liderlik prensiplerinin tümünün yaşayan örnekleridir: lidere en yakın olanlar, onun başarı düzeyini belirler.Başkaları ile ve onlar aracılığıyla çalıştıkları için, gayretleri katlanmaktadır. En büyük başarılara ulaşmaya muktedirdirler. Şu cümlenin, mezar taşına kazınmasını isteyen milyoner sanayici Andrew Carnegie'e benzerler: "Burada, kendisinden daha iyi olanların hizmetlerini nasıl temin edebileceğini bilen bir adam yatıyor".

> Lidere en yakın olanlar, onun başarı düzeyini belirler.

LİDERLİK YÖNTEMİ	GEREKEN	SONUÇ	OLASI BAŞARISIZLIK
Baskıcı	Takipçilerin Körü Körüne İtaati	Anında Hareket	Olumsuz Tepki ve Büyük Oranda Eleman Değişimine Yolaçar.

Anlaşmacı	Karşılıklı Zafer	Girişimcilik	Bir Taraf Çalışmıyorsa, Diğeri Kaybeder.
İkna Edici	Diğerlerini Güdülendirebilme Yeteneği	Kazançlı Çıkan Tutumlar	Güdülendiren Gelmemişse, Hiç Bir Şey Olmaz.
Örnek Olan	Takipçilere İzletebilmek İçin Zaman	Sadakat ve Bağlılık	Lider Düşerse, Takipçiler Daha Büyük Zarar Görür
Güçlendirici	Zaman ve Olanak Yatırımı	Olağanüstü Başarı	Geliştiren, Takipçilere Bağımlı Hale Gelebilir.

Etkili liderler, liderlik türlerinin tümünü bazı zamanlarda kullanırlar, ancak en büyük liderler güçlendirmeyi hedef olarak seçerler. Nihai başarılarının insanlara dayandığını bildikleri içindir ki,şanslarının enyüksek olacağı durumun,o insanları daha etkin hale getirmede yardımcı olmalarında ortaya çıkacağını bilirler. Kaynaklarını, güçlerini ve nihayet başarılarını onlarla paylaşırlar.

* * *

İngiliz eski başbakanı Margaret Thatcher diyor ki,"Güçlü olmak,hanımefendi olmak gibidir. İnsanlara öyle olduğunuzu söylemek zornda kaldığınızda,öyle olamazsınız".Lider olmak da aynıdır. Etrafınızdaki insanlara, onların lideri olduğunuzu belirtmek durumunda olduğunuzda,öyle değilsinizdir.Liderlik yeteneklerinizi ve güvenilirliğinizi insanlarınızla birlikte geliştirmeniz gerekir.Sonra zaman geçtikçe, insanlarınız sizi lider olarak benimser. Onlar üzerindeki etkiniz, onlara gereken konuşmayı yapar.

Amerikan tarihinin iş konusundaki en büyük liderlerinden birisi, Andrew Carnegie idi. Fakir bir İskoç göçmeniydi, yüzyıl başında multi-milyon dolarlık bir çelik şirketi geliştirdi, sonra aralarında Pittsburg Carnegie Enstitüsü, Washington Carnegie Enstitüsü, Carnegie Eğitim Geliştirme Vakfı, Carnegie Uluslararası Barış Vakfı ve Carnegie New York Kurumu'nun da bulunduğu 2500 den fazla kütüphane ve enstitü kurdu. Tahminlere göre 1919'da öldüğünde, 350 milyon dolardan fazla bağış yapmış bulunuyordu.

Carnegie, diğer liderleri farkeden ve onları geliştiren bir lider, olarak bilinmekteydi. Kendisini başarılı insanlarla çevreler,kendi başarısının bundan kaynaklandığını söylerdi. Bir keresinde, "herşeyi kendi başarmak, veya tüm başarıyı kendisi sahiplenmek isteyen hiç kimse, büyük lider olamaz" demişti.

> Büyük başarı elde edebilmek için, başkalarının size yardımda bulunmasını sağlamalısınız.

Aynı şey, sizin için de geçerlidir.Her şeyi kendiniz yapamazsınız. Büyük başarı elde edebilmek için, başkalarının size yardımda bulunmasını sağlamalısınız. Ve bunu da gerçekleştirmek için, bir lider olmalısınız. Bir kez bunu başardığınızda, en çılgın düşüncelerinizin dahi ötesindeki zaferler gerçekleşebilir. Lider olabilmek, başarı için en büyük stratejidir.

BAŞARI STRATEJİLERİ İÇİN ALIŞTIRMALAR

1. Liderlik tarzı için bir günlük oluşturma amacıyla bir zaman dilimi ayırın.(Çok sayıda insana liderlik etmekteyseniz, bunu sadece bir-iki gün için tutmak isteyebilirsiniz. Az kişiyle etkileşimde iseniz, bunu bir- iki hafta boyunca sürdürmek isteyebilirsiniz). Her günün

sonunda,başkalarına -çalışanlara,iş arkadaşlarına, aile bireylerine,vb.-liderlik etmenizin gerektiğiher durumu hatırlayın. Etkileşiminizi bir veya ik cümleyle kaydedin.Her bir liderlik tarzı için verilen tanımlamaları kullanarak, bu etkileşim sırasında hangi tarzı kullandığınızı belirleyin. Sonra, aşağıdaki soruları yanıtlayın:

a. En çok kullanmış olduğunuz tarz hangisi? (Bu genelde sizin için geçerli liderlik tipini belirtir).

b. Kullandığınız tarz, sizin için genelde en etkili yöntem mi olmaktadır? (Eğer baskıcı tarzı en çok kullanmışsanız,bunu çok seyrek kullanmayı öğrenmeniz gerekecektir).

c. Her bir etkileşim için, en etkin yöntem hangisi olurdu?

2. Diğerleri için iyi bir örnek teşkil etmeyi öğrenmek, kendi izleyebileceğiniz bir model seçmekle başlar (Bunu, tanıdığınız ve belli aralıklarla birlikte zaman geçirdiğiniz en az bir kişi olarak belirleyin). Her örnek kişiden öğrenebileceklerinizin birlistesini yapın,ve öğrenme işlemini daha elverişli hale koymak için neler yapabileceğinizi yazın..

3. İyi bir lider ólmak, liderlik hakkında bilgiler edinmek ve sürekli büyümek anlamına gelir. Kendinize yazılı olarak kişisel bir büyüme planı yapın. Buna liderlik hakkındaki kitapları, makaleleri, kasetleri ve konferansları dahil edin. En iyi plan, haftada en az bir kaset, ayda en az bir kitap ve yılda en az bir konferans kapsamalıdır. Eğer mümkünse, aynı veya buna benzer bir plan kullanarak sizinle birlikte büyümek isteyen birini blun.Büyümeyi paylşmak,fikirleri tartışacak

birinin olmasını sağlar, şevkinizin sürekliliğini sağlar ve sizi programınıza sadık kalma konusunda dikkatli olmaya davet eder.

4. En yakın aile bireylerinizin isimlerini yazın. Her ismin yanına, o kişinin en çok ilgilendiği alanları, doğuştan yeteneklerini ve becerilerini yazın. Aynı zamanda yaşam görüşünü kaydedin (bunları bilmiyorsanız, her bireyle oturup bunlar hakkında onlara sorular yöneltin). Sonra da o kişiye, gücüne erişmesi için nasıl yardım etmeyi tasarladığınızı kısaca kaydedin. Planınız onu eğitmeyi, zaman ayırmayı, projelerde yardıcı olmayı, maddî yardımda bulunmayı, ona eğitmen bulmayı, vb. kapsayabilir. Planınızı yürürlüğe koymaya hemen başlayın.

5. Üzerinde etkin olduğunuz, aile bireyleriniz dışında kalan kişilerin isimlerini yazın. Sonra bu kişiler arasından, geliştirmek üzere en üstün 20 tanesini seçin. Bu en üstün isimlerin yanına,onların en çok ilgilendikleri alanları, doğuştan gelen yeteneklerini ve becerilerini ve hayallerini yazın.Aynı zamanda o kişinin en büyük gücünün ne olduğuna inanıyorsanız, onu kaydedin. Sonra da kısaca, o kişiye gücüne erişmesi için nasıl yardımcı olmayı planladığınızı yazın. Planlarınızı o kişiyle tartışarak, (1) onun da istekli olduğundan ve (2) sizin onun için taşıdığınız görüşün, kendisininkiyle uyumlu olduğundan emin olun. Onların onayını alır almaz, planı yürürlüğe koymaya başlayın.

İMLA

birleşik yazılan:	ayrı yazılan:
birkaç	din adamı
alıkoymak	bir arada
ipucu	bir ara
sıkça	bir araya
varolmak	herhangi bir
özgüven	her gün
işgünü	her zaman
çokça	her şey
halihazırda	hiç kimse
gurup	her bir
işadamı	hayal etmek
herhangi	pek az
kuzeybatı	pek çok
	göz önünde
	bakış açısı
	yol açmak
	başa çıkmak
	bir daha
	yer almak
	ele almak

SİSTEM YAYINCILIK

İYİ DÜŞÜN DOĞRU KARAR VER

Doğan Cüceloğlu

S

8. Baskı

Yakup Bey'le Karşılaşmam,
Yakup Bey - Timur Bey,
Trafik Kazalarının Söyledikleri,
Gazetelerin Söyledikleri,
Kalıplandırılmış ve Geliştirilmiş İnsanlar,
Dünyayı ve Kendimizi Anlamamızın Altında Yatan Süreç: Algılama,
Paradigma: Algı ve Düşünceye Yön Veren Harita,
Türkler Aptal mı?,
İç ve Dış Başarı, Gelişmiş İnsan Paradigmasının Temel İlkeleri,

SİSTEM YAYINCILIK

YETİŞKİN ÇOCUKLAR

Doğan Cüceloğlu

S

4. Baskı

Bir Daha Gitmeyeceksin Onlara
Recep Enişte, Hatice Teyze
İki Tür İlişki, İç Çocuk - İç Ana Baba
Ayla'nın Gözyaşları, Aile Sistemi
Aile Sisteminin Gereksinmeleri
Beş Temel Özgürlük, Leman'ın Evliliği
Utanca Boğan Aile, Savaşçı Tutum
Leman Nusret'i Anlatıyor, Gelişmiş Olgun İnsan
Leman'ın Cevapları, Safiye Hanım'ın Düzeni
Yakup Bey Dinliyor, Yakup Bey - Hatice Hanım,
Hatice Hanım'ın Evinde, Bağlaşık Kişilik

SİSTEM YAYINCILIK

İLETİŞİM ÇATIŞMALARI VE EMPATİ

Üstün Dökmen

S

2. Baskı

İletişim, Empati
Kişilerarası İletişim Çatışmaları
Tiyatrolarda ve Masallarda İletişim
Çatışmaları ve Empati
Sanatımızda ve Günlük Yaşamımızda
Kişilerarası İletişim: Ya Akıl Korkusu
Ya Yalnızlık, Ne Akıl Korkusu
Ne Yalnızlık